# Conexão Mulher:
## O Poder do Salto alto

COORDENAÇÃO

# Cleo Pillon & Deise Miréia

WeBook Publishing
Edição em Português

Para mais informações, envie um e-mail para info@webookpublishing.com

Copyright © 2025 Cleo Pillon & Deise Miréia
Copyright © 2025 WeBook Publishing

Edição em Língua Portuguesa do Brasil.

ISBN: 978-1-966892-03-8
LCCN: 2025906453 (registro na biblioteca norte-americana)

Escrito por: Cleo Pillon, Deise Miréia, Celina Bredmann, Débora Silva, Deise Madsen, Débora Manfre, Ellyn Wang, Kristie Myamoto, Michele Leão, Tatiana Marzulo.
Coordenação: Cléo Pillon & Deise Miréia
Editorial: Ana Silvani
Assistente Editorial: Maria Eduarda Soares Moura
Revisão Gramatical: Ana Silvani & Yara Camillo
Capa: Daniel Fernandes
Diagramação: Juliana Fernandes

NOTA: Muito cuidado e técnicas editoriais foram empregados na edição deste livro. No entanto, nunca estamos livres de pequenos erros de digitação e/ou concordância, e impressão. Nestes casos, pedimos gentilmente que envie um e-mail para info@webookpublishing.com para que possamos retificar o texto.

# Conexão Mulher:
## O Poder do Salto alto

# Sumário

# INTRODUÇÃO

Histórias para você se emocionar, rir, agradecer, refletir, e renovar a fé e a esperança num mundo melhor - no seu mundo melhor.

Este livro é um projeto colaborativo que inspira e transforma vidas ao compartilhar as histórias de dez mulheres brasileiras. Através de suas trajetórias, são ressaltados pontos como a feminilidade, fortalecimento de mulheres, a fé e as conexões que redefiniram suas visões sobre colaboração feminina e sucesso.

Mais do que um relato, esta obra é um salto alto para novas possibilidades, um convite para que mulheres de diferentes contextos descubram o poder real das conexões com propósito

*"E essa foi a maior lição: o perdão. Perdoar não apenas o outro, mas a mim mesma. Só quando consegui me perdoar, me acolher e ressignificar todos os sentimentos que me assombravam, percebi o quanto grande eu era, o quanto tinha valor como pessoa e que a minha presença fazia a diferença no mundo".*
- Cleo Pillon

*"Cada relato aqui presente é um testemunho da força que reside na conexão humana. São vozes que se entrelaçam, formando uma sinfonia de coragem, resiliência e transformação. Porque, no fim das contas, somos feitos das pessoas que passam por nós, que nos deixam algo de si e levam um pouco de nós consigo. Acredito que não há crescimento sem trocas, sem aprender e ensinar, sem estender a mão e receber apoio quando necessário"*
- Deise Miréia

# CLEO PILLON

**Empresária e Fundadora da Aegisderma e do Salto Alto Connection**
**Insta: @cleopillon**

Cleo Pillon é empresária, investidora, mãe e esposa dedicada. Proprietária da Aegisderma, empresa americana de skincare com presença no Brasil, desenvolve produtos que vão além da beleza, proporcionando transformação e impacto positivo na vida de suas clientes.

Idealizadora do movimento Salto Alto Connection, cria espaço para que imigrantes brasileiros na América compartilhem suas histórias, inspirando outros a enfrentarem desafios com coragem e autoridade. Também é apresentadora e fundadora do Salto Alto Podcast, um canal que dá palco e voz a histórias reais de superação, incentivando imigrantes a viverem seu propósito. Sua missão é transformar e inspirar vidas por meio de histórias autênticas, amor, determinação e resiliência.

# O PODER DAS CONEXÕES

Este capítulo mostra a história de uma mulher que, com muita coragem e determinação, saiu de sua cidade natal no Brasil com apenas 200 reais no bolso e se tornou uma empresária de sucesso nos Estados Unidos. Isso porque nunca desistiu de seus sonhos e persistiu, por mais que a vida fosse desafiadora. E, graças às conexões que encontrou em sua trajetória, conseguiu superar as dificuldades e se levantar triunfante na sua fé, guiando outras mulheres em um processo de autodescoberta e pertencimento, despertando a verdadeira força feminina.

Luz, câmera e mais um clique fotográfico, agora minha foto estampa a matéria de capa de uma das revistas de grande destaque na mídia na área de empreendedorismo. Quanta emoção por mais esta conquista! Hoje sou reconhecida pela minha trajetória como empresária na área de cosméticos para a beleza feminina. A minha marca, Aegisderma, ganha cada vez mais espaço no mercado, no Brasil e nos EUA; e eu, mais reconhecimento pelo que construí com o poder de minhas mãos e da minha paixão pelo cuidado da mulher.

E como me sinto agradecida e emocionada pelas minhas conquistas atuais e pelas muitas que virão. Afinal, não é sempre que uma jovem sonhadora consegue transpor as linhas abaixo do Equador e atingir as estrelas. Principalmente, uma jovem nascida no sertão brasileiro, vinda de uma família pobre e sem recursos para estudar e se aperfeiçoar como profissional.

Hoje reconheço e recebo estas conquistas, porém chegar até aqui não foi fácil. Precisei vivenciar muitas experiências dolorosas, ter coragem para enfrentar meus medos e encarar meus fantasmas interiores, sobretudo descobrir o perdão como libertação de tudo que me aprisionava e me fazia ficar presa nos extremos.

Partir da minha cidade natal rumo ao desconhecido com apenas 200 reais no bolso e muitas incertezas foi desafiador. Porém, na pequena mala, além das poucas roupas, carregava também muitos sonhos, coragem e fé que conseguiria atingir meus objetivos. Sabia que precisaria ter foco, aproveitar as oportunidades que a vida me daria e as conexões com as pessoas que cruzassem meu caminho.

## AS PRIMEIRAS CONEXÕES

Desde pequena, tenho a proatividade como uma das minhas principais habilidades. Porém, só me dei conta disso mais tarde. Nasci em uma pequena cidade chamada Serra do Cravinho, no sertão nordestino brasileiro. Com 4 anos de idade, mudei para Imperatriz, uma cidade no mesmo estado do Maranhão e um pouco maior. Apesar de ser uma cidade economicamente mais rica, ainda falta muito emprego e as pessoas passam muita dificuldade para alimentar os filhos.

Eu sou a terceira filha de sete irmãos; meu pai era caminhoneiro e minha mãe, dona de casa. Minha infância foi em meio aos rios maranhenses, com os pés descalços correndo pelo chão de terra batida. Mas o que eu gostava mesmo era de olhar as estrelas, quando elas apareciam à noite, enchendo o céu de pontinhos luminosos.

Mesmo diante das adversidades da infância, nunca deixei de sonhar. Na minha imaginação, eu era uma apresentadora famosa da TV ou uma daquelas mulheres lindas que estampam as capas das revistas famosas. Na verdade, acho que foi esse meu lado sonhador que não me deixou desistir de acreditar quando minha mãe decidiu que sairia de casa para conhecer o mundo, deixando para trás um marido e quatro filhos ainda pequenos.

Hoje tenho a compreensão de que a atitude dela foi de desespero diante da vida que levava e da falta de perspectiva de futuro. Porém, como criança e sem respostas dos adultos, eu não conseguia compreender aquela ausência tão dolorida. Não julgo minha mãe pela decisão dela; aliás, só o tempo e o aprendizado do perdão fizeram com que nos conectássemos novamente. Nunca deixei de amar minha mãe, apenas precisei entender a mim mesma como mulher para compreender a atitude dela.

Ainda tenho em minha memória o dia em que me levantei e não a encontrei em casa. Também a tristeza estampada no rosto de cada uma de minhas irmãs, do meu irmão ainda bebê e na feição de meu pai. E essa memória foi tão forte, que fez com que as lembranças de minha mãe também sumissem. Não me lembro da minha mãe antes dos três anos de idade, mesmo tendo nítidas as recordações das minhas avós e do meu avô materno.

Durante os dois anos da ausência de minha mãe, meu pai se casou novamente. Afinal, ele ficava semanas fora de casa pelas estradas do Brasil, dirigindo um caminhão que nos dava o sustento em casa e, com quatro filhos pequenos para criar, não teria muitas possibilidades de cuidar de tudo sozinho. Durante um ano ficamos divididos nas casas de avós e tias, mas a situação não teria como se estender mais daquela forma.

A nova esposa do meu pai era uma vizinha que tinha um carinho enorme por mim. Na verdade, me tratava como uma filha. Como ela era costureira e trabalhava em um quartinho nos fundos da nossa casa, ensinou a mim e a minhas irmãs os afazeres de casa e até a cozinhar. Sempre com muito zelo e cuidado para que não nos machucássemos.

Eu e minhas irmãs mais velhas nos dividíamos nas tarefas domésticas e nos horários da escola. Ela fazia questão que estudássemos para que tivéssemos um futuro promissor. De certa forma, ela sabia que um dia partiríamos de casa, por isso queria nos preparar para que pudéssemos ter condições de lidar com as situações básicas e fôssemos independentes financeiramente, assim como ela era.

Posso dizer que minha madrasta reforçou minha proatividade e me deu até noções de empreendedorismo, pois me ajudava a fazer pasteizinhos para vender no bairro em que morava. O problema era que eu ficava com vontade e acabava comendo alguns deles, mas conseguia pelo menos pagar os custos do que ela havia gastado com ingredientes. Além disso, ela reforçou a minha fé ao me apresentar um Deus pai e presente, alicerce para que eu pudesse me reerguer quando estivesse presa às sombras que consumiam a minha essência.

Conforme crescia e com as ausências que aconteciam na minha vida, primeiro da minha mãe, depois das minhas irmãs mais velhas, sentia-me perdida, não merecedora de amor familiar e, aos poucos, deixei de me reconhecer como pessoa. Passei a não me valorizar, a me sentir inferior e a fazer qualquer coisa para que as pessoas me vissem e me amassem de alguma forma. E isso, para uma jovem que ainda não tinha maturidade para lidar com os sentimentos, provocou um abalo no meu emocional, que foi difícil de trabalhar.

Com o tempo, assim como minhas irmãs, também resolvi sair da casa de meu pai e ter minha liberdade. Afinal, as mulheres da minha família seguiam esse caminho, por que seria diferente comigo? Quando minha mãe voltou, minhas irmãs foram morar com ela. Era complexo para duas adolescentes lidarem com as marcas emocionais de uma infância traumática e com a forma como meu pai nos educava. Com o tempo, também fui me juntar a elas.

No fundo, meu pai era severo para evitar que as filhas seguissem o caminho de minha mãe. Mas estava no nosso percurso vivenciar as mesmas experiências, seja em relacionamentos amorosos, em decepções que a própria vida nos oferecesse ao lidar com as nossas sombras. Só mais tarde e com maturidade, compreendemos o cuidado da nossa madrasta, o amor de nosso pai e o medo que tinha de nos perder.

## AMPLIANDO AS CONEXÕES

Com 17 anos, resolvi que era momento de partir da cidade em que morava e tentar uma vida nova na capital paulistana. Para que isso se efetivasse, contei com o apoio de uma das minhas irmãs, que já havia saído da cidade, e parti em busca da realização dos meus sonhos.

Deixei minha cidade com apenas alguns reais no bolso, o pouco que tinha em uma mala pequena, além da minha fé e da minha coragem, características essenciais para que eu pudesse enfrentar a nova realidade. E como foi desafiadora! Eu era uma jovem do interior, sem experiência nenhuma, mal tinha concluído meus estudos básicos, tinha vergonha até de falar, pelo meu sotaque.

Para ganhar algum dinheiro na adolescência, ainda morando

com minha mãe, vendi produtos de catálogos saindo de porta em porta e fui ajudante em uma loja de calçados. Naquela época era permitido o trabalho infantil. Mas o que eu ganhava era pouco, mal dava para comprar o que desejava. Além disso, pela minha ingenuidade, algumas clientes acabavam me enganando e não pagando pela compra realizada. O que me deixava muito brava.

Nessas atividades que realizava, não precisava de muito talento. Apenas, entregava os catálogos e anotava os pedidos das clientes e fazia as entregas, posteriormente. Na loja de calçados, organizava os sapatos e limpava o espaço. Nada muito desafiador para uma adolescente. Apenas precisava ser proativa para aproveitar as oportunidades, quando apareciam.

Na capital paulistana e já adulta, não bastava apenas a proatividade. Precisava ser mais convincente e ter mais talento como funcionária para me manter no cargo. Então, de muita insistência, consegui ser contratada como recepcionista em um pequeno hotel de um bairro periférico, ganhando apenas um salário-mínimo.

Porém, a minha falta de experiência, e até esperteza para lidar com a malandragem de alguns hóspedes, fez com que eu fosse dispensada em pouco tempo. E, no desespero de me ver sem renda, implorei por outra oportunidade à dona do hotel e assumi o cargo de auxiliar de limpeza, ganhando a metade do valor que recebia. Mesmo assim, honrei a oportunidade e confiei que conseguiria algo melhor.

Depois de seis meses, graças a um amigo que comentou sobre uma vaga de emprego, consegui o cargo de divulgadora de bebidas em uma empresa multinacional. Aliás, nunca vou me esquecer daquele processo de seleção: a proposta era vender um licor à base de gema de ovo ao diretor da empresa. Naquele dia, quando ele perguntou quem gostaria de ser a primeira, não titubeei e o meu braço foi o mais rápido a levantar e conquistar a venda, mesmo sendo um produto tão diferenciado.

Mesmo não sendo muito hábil com a oralidade e a argumentação, considero que fui contratada pela minha coragem de ser a primeira a me levantar do lugar para a dinâmica da empresa. De alguma forma, eu impressionei aquele diretor com a minha postura. As outras candidatas pareciam mais preparadas para o cargo e com mais experiência. Eu era a única que tinha o mesmo perfil. Esta foi a primeira chance real de crescimento profissional, também financeiro, na minha trajetória. No entanto, eu sabia que precisava me esforçar para continuar no cargo e ambicionar uma promoção. Por isso, aproveitava todas as oportunidades que me eram oferecidas.

Além de estudar muito sobre os produtos da empresa, principalmente os lançamentos, para que pudesse saber todas as informações quando fosse indagada, observava como as mulheres executivas falavam, se comportavam, se vestiam, e procurava seguir da mesma forma. Também sempre agia com gentileza e empatia com as pessoas tanto dos lugares em que realizava as divulgações quanto com os clientes, mantendo o bom humor e muita afetividade. Graças a essas atitudes, era muito respeitada e querida nos lugares em que atuava.

Graças ao salário dessa empresa e às comissões, consegui concluir meu ensino básico e até providenciar a carta de motorista. Além de alugar uma casa melhor para que eu e minha irmã morássemos. Só que a falta de amor-próprio e de reconhecimento do meu potencial como pessoa fez com que me perdesse na parte financeira. Gastava mais do que ganhava, acreditando apenas em ter apresentação externa. Excedia em gastos com roupas, maquiagens, sapatos e salão de beleza. Meu sonho sempre foi ter cabelo liso e longo.

E, ao me perder na parte financeira, também me distanciava dos meus sonhos, porque não conseguia economizar e investir no que realmente desejava: seguir na área da estética. Desejo que vinha desde que era criança quando, como forma de carinho, massageava o rosto da minha madrasta para ela descansar depois de um dia cansativo no seu quartinho de costura.

Mesmo com essa adversidade, os meus caminhos foram sendo conduzidos para o meu desejo. Com o apoio de um primeiro relacionamento amoroso depois de uma fatalidade, pedi dispensa da empresa em que trabalhava e comecei a realizar cursos de estética a nível técnico. E foi nessa oportunidade que descobri o quanto as falas de minha madrasta tinham sentido ao mencionar que "minhas mãos eram de mãos de fada".

A conquista da minha primeira sala para atendimento estético foi comemorada com muito entusiasmo. A clientela crescia em reconhecimento ao meu trabalho. Tanto que, pouco tempo depois, uma dessas clientes me indicou um novo espaço em um bairro nobre da capital paulistana para atendimento a clientes da elite e muitos conhecidos do rádio e da televisão, na época. Com essa clientela, aprendi que poderia ir além, devido ao meu profissionalismo.

Desde a conquista do cargo na empresa multinacional, o momento que eu vivia tanto na vida pessoal quanto na profissional era maravilhoso. Tinha um ótimo rendimento financeiro, um lar e recebia em meus braços meu filho Pedro. Contudo, as questões emocionais decorrentes dos traumas da minha infância, ainda não resolvidos, traziam à tona sombras que me atormentavam. E, aos poucos, o castelo que eu havia construído começou a desmoronar. Crises emocionais, um divórcio e muitas perdas financeiras.

Mesmo assim, fazia o possível para me manter equilibrada, até porque tinha uma criança que dependia de mim. Foi nessa época que, graças à busca de atividade física, por estar acima do peso em decorrência da gravidez e das questões emocionais, conheci a Carol Dias, uma personal que se tornou uma amiga e, mais adiante, a ponte para que eu pudesse ter acesso a um mundo de oportunidades ao lado de pessoas consagradas.

Como ela tinha interesse em ingressar na televisão, ofereci-lhe tratamentos estéticos. Era uma ajuda mútua, já que ambas precisavam de apoio naquele momento, mesmo em diferentes circunstâncias. E veio a promessa quando ela conseguiu ingressar em um programa na TV. "Assim que ficar famosa, você estará ao meu lado como consultora". E assim aconteceu.

Pouco tempo depois, ela atingiu a fama. Com a agenda lotada, veio o convite para que eu fosse sua assessora pessoal. Como estava divorciada e tinha uma rede de apoio para cuidar do meu filho, resolvi segui-la e começar uma nova etapa na minha vida que, a meu ver, seria um grande auxílio no meu processo emocional.

Com a assessoria, tive a oportunidade de conhecer um mundo completamente diferente do que vivia, regado a muitas festas, jantares, oportunidades e dinheiro. No entanto, o mais importante era a rede de contatos. Graças a esta oportunidade, conheci pessoas de várias áreas, como empresários, cantores, artistas, radialistas e outros, que me possibilitaram novas conexões no futuro.

A questão é que o mundo da fama é carregado de possibilidades, mas também de desgastes físicos e emocionais. O excesso de compromissos sociais e de noites mal dormidas provocam sintomas no corpo muito complexos de lidar. Além disso, e o principal, a exigência da aparência perfeita força a pessoa a apelar para redutores de apetite para perda rápida de peso e outros recursos com efeitos instantâneos. Tudo isso deixa a pessoa muito vulnerável, ainda mais com os comentários, muitas vezes extremamente cruéis, daqueles que estão no mesmo meio.

Naquele momento da minha vida, sentia que novamente estava me perdendo e sendo levada pelos excessos que pioravam meu quadro emocional. Por mais que quisesse ficar bem, afinal tinha os compromissos firmados, não conseguia lidar com as minhas sombras, principalmente da inferioridade. Ademais, sentia muita falta de ser presença para meu filho, que crescia longe de mim.

Diante de tudo isso, decidi que precisava retomar meus projetos com a estética que havia deixado de lado devido ao trabalho de assessoria. Porém, não poderia abandonar os contratos. Então, comecei aos poucos, reduzindo o trabalho, e aceitei uma proposta para desenvolver um projeto com a Rádio Bandeirantes, como apresentadora de um programa de entretenimento. Pronto! Agora eu tinha o microfone nas mãos.

Como o programa era exibido aos sábados, eu conseguia organizar a agenda para que pudesse cumprir os compromissos com a assessoria. Financeiramente, era uma proposta interessante porque ganhava com os patrocínios, e o programa tinha grande audiência no horário por receber cantores sertanejos, de axé, funk, ritmos que faziam muito sucesso na época, e ainda fazem.

Além disso, com a assessoria, meus ganhos financeiros não eram tão vantajosos quanto o que recebia com a minha clínica de estética. O aceite da proposta foi em decorrência da necessidade que tinha de me reconhecer como pessoa e provar a mim mesma que tinha valor. Afinal, julgava que a minha história de vida não impressionaria ninguém e isso me deixava muito mal emocionalmente.

Como estava com muitas dívidas, somava os ganhos da assessoria aos do programa da Band. Dessa forma, paulatinamente, consegui arcar com todas as pendências financeiras e até ter uma reserva a mais para a retomada dos meus projetos. Mas ainda as minhas sombras me perturbavam e, por mais que tentasse, não conseguia fugir delas. Em meio a meu desespero, tive a necessidade de me despir de toda aparência e buscar minha essência em uma conexão divina.

# A MAIOR CONEXÃO

Para que conseguisse me encontrar, resolvi ficar um tempo fora do Brasil, conciliando minha agenda com os compromissos da assessoria. Decidi que não continuaria com a apresentação do programa da Band. Foi nesse momento que conheci meu atual marido e resgatei o amor na minha vida. Sentia que, dessa vez, estava pronta para me apaixonar novamente e conduzir um relacionamento de forma tranquila e feliz.

Após um tempo de namoro e um pedido de casamento, mudei de vez para os Estados Unidos. Porém, por conta do visto de permanência no país, tive que ficar longe do Brasil e do meu filho por um ano. Acho que, até aquele momento, nunca havia ficado parada na minha vida. E sabia que isso seria desafiador, já que estava em um novo relacionamento, com enteados que não me conheciam direito, em um país estrangeiro, sem domínio completo da língua e dos costumes.

Todas essas situações fizeram com que os traumas da infância viessem à tona e o medo de não dar conta de tudo se tornou mais intenso. Diante da insegurança e das incertezas, antes que me perdesse em meus sentimentos, procurei um terapeuta para trabalhar as minhas questões emocionais. E, graças a esta iniciativa, aos poucos, e com muita insistência, aprendi a lidar com o que me incomodava interiormente.

Confesso que não é fácil resgatar um passado que você quer deixar adormecido. As dores se tornam mais intensas quando voltam escancaradas na sua frente. A sensação que se tem é que ficaram muito maiores. Porém, eu precisava compreender o que sentia, por que sentia e como ressignificaria tudo isso de forma construtiva na minha vida.

Com o advento da pandemia de covid-19 que assolou o mundo, decidi iniciar um projeto para ser divulgado pelas redes sociais. Assim, ocuparia meu tempo livre, já que era necessário o isolamento. Comecei a gravar vídeos orientando as pessoas sobre como realizar corretamente procedimentos estéticos básicos. Para as gravações, escrevia os textos em português e contava com o apoio de um amigo que dominava bem o inglês, para a tradução e a pronúncia.

Graças à minha proatividade, os vídeos começaram a fazer muito sucesso nas mídias digitais e passei a ser conhecida na rede. Como o acesso de pessoas cada vez aumentava mais, as marcas de cosméticos começaram a me procurar para a divulgação de produtos. O meu engajamento crescia a cada vídeo que postava. Estava me redescobrindo com a minha maior paixão: a estética.

Foi então que tive a ideia de criar um produto com a minha marca. Algo que fosse simples, mas muito efetivo na aplicação estética. Assim, surgiu o Gua-Sha, uma pedra para massagem facial, um sucesso da Aegisderma até hoje. Pronto! Agora já não era apenas uma técnica na área de estética, e sim uma empresária também.

Com a aceitação do meu produto no mercado, decidi que precisava criar a minha marca estética e comercializar novos produtos que tivessem qualidade para se destacar no mercado estético. Assim surgiu a Aegisderma, uma marca que une o conhecimento científico da área da beleza com sofisticação e, ao mesmo tempo, a simplicidade que possibilite ao cliente uma aplicação com qualidade e próxima ao natural.

Para fabricar e comercializar o primeiro produto de skincare da minha marca, optei por uma empresa estadunidense, seguindo o conselho que recebi de pessoas conhecedoras da área. Só que a empresa escolhida acabou agindo de má-fé e se apropriou do meu produto, comercializando-o como dela. Quando descobri a falcatrua, fiquei arrasada e cancelei o contrato, desvinculando meu nome do produto. Mesmo decepcionada com o que considerava o primeiro fracasso, graças ao trabalho psicológico que fazia consegui superar com maior facilidade o golpe e decidi criar outra estratégia. Contratei uma empresa brasileira para a produção dos meus produtos, com divulgação nos Estados Unidos.

Assim surgiu a linha Era, da Aegisderma, com produtos veganos voltados ao tratamento de skincare, deixando a pele iluminada, hidratada e saudável. Afinal, eu também estava vivendo uma nova era na minha vida pessoal e profissional. E o sucesso veio mais rápido do que imaginava.

A cada novo ciclo, a Aegiderma se firma com mais força e autenticidade no mercado. Nosso crescimento tem sido marcado por conquistas significativas, como nossa presença em uma feira de maquiagem e cosméticos importante em New York. Estar nesse evento nos trouxe visibilidade e, mais do que isso, nos permitiu ver de perto a reação das pessoas ao entrarem em contato com nossos produtos. Ver alguém se surpreender com a textura, se emocionar com o aroma ou se encantar com a proposta da linha ERA foi a confirmação de que toda a minha dedicação nos detalhes, do sensorial ao conceito, valeu a pena.

Já no Brasil, tivemos a alegria de participar de vários eventos voltados ao empreendedorismo, sempre com o compromisso de apresentar a Aegisderma além da estética. Mais do que dermocosméticos, carregamos uma mensagem de autocuidado e valorização pessoal. Meu propósito com a marca sempre foi esse: ajudar mulheres a se enxergarem com mais carinho, a cultivarem amor próprio, mesmo que seja em cinco minutos dedicados a uma rotina de skincare. Porque cada gesto de cuidado é também um ato de reconhecimento da própria força

Esses foram os primeiros passos para o projeto Salto Alto Connection. Um método fundamentado em três poderes: autenticidade, autodesenvolvimento e autoridade, proporcionando melhor conexão interna para alavancar estratégias de vida. Este é um projeto voltado às mulheres, com o objetivo de torná-las mais conscientes de seu processo, por meio do acolhimento, da ajuda mútua e da transformação pessoal. E reconhecendo melhor sua feminilidade, sem competitividade, empoderar-se de seu papel e promover transformações significativas, tanto no ambiente familiar como no profissional, de forma consciente, sendo uma conexão que inspira outras mulheres a buscarem o mesmo crescimento, promovendo uma transformação social positiva e efetiva.

O nome do projeto faz referência ao salto alto como empoderamento enfatizado pelas conexões femininas que são tão significativas no processo de construção de um mundo mais consciente e conectado, em uma grande jornada de autodescoberta. Cada salto de uma mulher é a possibilidade de uma sociedade mais consciente do papel feminino na sociedade.

Para ampliar ainda mais a proposta, criei o canal Salto alto Podcast (@saltoaltopodcast), uma grande rede de apoio a mulheres empreendedoras com o objetivo de promover independência financeira feminina, acolhendo as empreendedoras dos mais diversos segmentos, oferecendo um conteúdo de qualidade, capacitação e ações de promoção e fortalecimento do empreendedorismo feminino.

Além de apresentar um site de notícias, conteúdos, eventos presenciais, plataforma de membros, clube de vantagens e outras atrações. Sempre com uma conversa informal, mas muito acolhedora. O lema do podcast é: "Sozinhas somos fortes, mas juntas somos invencíveis!".

Meu último projeto foi a publicação do livro Salto Alto: de pés descalços para grandes saltos, lançado em março de 2025. Neste livro, conto a minha trajetória de vida e explico o projeto Salto Alto Connection de forma mais detalhada. Considero este projeto visionário, pela coragem de expor toda a minha história de vida de forma tão revelada.

# NOVAS CONEXÕES

Quando paro para escrever a minha história, deparo-me com tantas possibilidades que a vida me proporcionou e que me fizeram ser quem eu sou hoje. E como sou grata por tudo que vivi e aprendi ao longo desses anos, também pelos projetos que ganham vida a cada conquista. Ao pensar nos meus sonhos, sinto-me realizada como pessoa e profissional. Hoje posso dizer que consegui atingir meus objetivos e tenho sucesso. No entanto, para atingir tudo isso, precisei entender que não devemos ter medo de encarar nossos fantasmas interiores. Eles não podem ser mais fortes que nosso desejo de despertar para a vida.

Nos encontros do Salto Alto Connection, compartilho com outras mulheres angústias, medos, incertezas, dúvidas. São muitos relatos de mulheres que chegam desacreditadas dos relacionamentos amorosos e familiares, da sua condição profissional, que passaram uma vida inteira de provações e dores as quais mantiveram guardadas, com receio de trazê-las à tona. Nesses momentos de troca é que percebo o quanto as terapias me fizeram bem e o quanto posso ajudar cada mulher que se une ao nosso grupo.

Mas a maior fonte de conexão que mantive foi com a minha essência. Enquanto não consegui me despir de todas as máscaras que assumia para me manter viva, não pude verdadeiramente ser eu mesma e ter coragem de mostrar que a minha história tem valor. Para isso, precisei buscar minha conexão com o divino, com meu eu mais profundo. E essa foi a maior lição: o perdão. Perdoar não apenas o outro, mas a mim mesma. Só quando consegui me perdoar, me acolher e ressignificar todos os sentimentos que me assombravam, percebi o quanto grande eu era, o quanto tinha valor como pessoa e que a minha presença fazia a diferença no mundo. Por isso, a escolha do nome da minha coleção de skincare faz tanto sentido.

Cada produto que elaboro tem muito do meu processo, das minhas vivências, da minha autenticidade. É nisso que acredito como empresária e como mulher. Os produtos da Aegisderma devem refletir a sofisticação da qualidade, mas a sutileza da originalidade e da verdadeira essência do que representa o lado feminino.

Por tudo isso, acredito que sou uma empresária inovadora, antenada com o futuro, movida pelo propósito e pelo acolhimento. Também por conceber que negócios vão além de produtos e serviços, precisam gerar impacto e transformação. Meu caminho no empreendedorismo começou com desafios, mas foi pela resiliência, pela coragem de inovar e pela autenticidade que construí marcas que refletem minha essência e valores.

Com a Aegisderma, levo o conceito de skincare além da estética, promovendo autocuidado e consciência sobre a importância do amor-próprio. Já com o Salto Alto Connection, criei um movimento que conecta e fortalece mulheres ao redor do mundo, mostrando que o sucesso não é solitário, mas construído por meio de conexões poderosas. Enfrentando as dificuldades de renunciar nossos medos para alcançar o extraordinário.

Compreendo que ser empresária significa estar sempre aprendendo, inovando e, acima de tudo, inspirando outras mulheres a ativarem o próprio poder. Acredito que negócios de sucesso são aqueles que unem autenticidade, propósito e uma visão clara de mudanças.

Por fim, deixo aqui algumas dicas que norteiam a minha vida. Então, desfaça as suas malas e, sem receio, abrace o novo.

• Não tente viver com um pé no passado e outro no futuro. Se está mudando de país, esteja disposta a se adaptar, conhecer a cultura e criar raízes.

• Construa uma rede de apoio para que não se sinta sozinha. Busque se conectar com outras mulheres, participe de eventos, faça networking e compartilhe suas experiências.

• Tenha autoconfiança: empreender em outro país pode ser desafiador; se acreditar no seu potencial e no seu diferencial, seu olhar único pode trazer algo novo ao mercado.

• Seja estratégica: estude o mercado local, entenda o público-alvo e se posicione de forma estratégica. Não tenha medo de aprender e ajustar o caminho quando necessário.

• Cuide da sua essência: o sucesso não vem apenas do que você faz, mas de quem você é. Empreender com autenticidade e propósito faz toda a diferença.

Acredite no seu potencial e aposte nos seus sonhos. Com certeza, eles levarão você além das estrelas.

E conte com minha ajuda sempre que precisar. Afinal, juntas somos mais fortes.

# DEISE MIRÉIA

Comunicadora

Site: dmcomunica.com.br

Insta: @deise.mireia

Deise Mireia é especialista em marketing e comunicação, com sólida formação em Comunicação Social com ênfase em Marketing pela USP. Ao longo dos últimos 20 anos, construiu uma trajetória marcada por visão estratégica, criatividade e forte conexão com marcas e pessoas.

Em 2004, fundou a DM Comunicação, uma agência que traduz seu olhar apurado para posicionamento, branding e narrativas autênticas.

Deise lidera projetos que vão desde gestão de redes sociais, criação de conteúdo e campanhas publicitárias, até branding, naming, estratégias de lançamento e construção de autoridade digital.

Seu trabalho é voltado para marcas que desejam se posicionar com consistência e verdade no mercado.

Deise também é presença constante no Instagram, onde compartilha bastidores da rotina da agência, tendências de comunicação e insights sobre o mercado criativo, sempre com linguagem leve, estética refinada e autenticidade. Mais do que comunicar, Deise Mireia traduz essência em estratégia — e isso se reflete em cada marca que ela ajuda a construir.

# O PODER DAS CONEXÕES: CONSTRUINDO PONTES PARA O SUCESSO

## A HISTÓRIA COMEÇA DIFERENTE

Geralmente, histórias começam com lembranças da infância, uma viagem no tempo até os primeiros passos da vida. Mas hoje, quero fazer diferente. Quero compartilhar com vocês um capítulo da minha trajetória já na fase adulta, um momento em que a coragem e a necessidade de me reinventar falaram mais alto.

Em 2004, desembarquei em São Paulo movida por um desejo ardente de escrever uma nova página da minha história profissional. Mas, sejamos honestos: sonhos não pagam contas, e eu nem tinha ideia de como começaria. Roupas de frio? Nenhuma. Dinheiro para bancar a mudança? Bem limitado. O que eu tinha? A certeza de que precisava me mexer.

Então, fiz o que qualquer pessoa determinada faria: comecei a ligar para amigos e dizer com convicção: "Um certo dia resolvi mudar". Pedi indicações, me coloquei disponível para qualquer oportunidade dentro do mercado da comunicação. E foi aí que as conexões começaram a acontecer. Em poucos meses, estava atuando como Assessora de Comunicação do Cônsul Geral da Bolívia.

De repente, eu fazia parte de uma comunidade sobre a qual nunca havia ouvido falar. Pessoas que, assim como eu, haviam deixado suas raízes para buscar crescimento e pagar o alto preço da saudade. Ali, enxerguei minha própria história refletida em cada rosto.

A bagagem que trouxe de Recife – assessoria de imprensa, jornal impresso, TV e até um pouco de rádio – parecia vasta, mas nada me preparou para o verdadeiro desafio: lidar diariamente com políticos, empresários influentes e diplomatas.

Foi nesse cenário que aprendi uma das maiores lições da minha vida: conexão é um ativo poderoso, mas só se torna valioso quando você sabe usá-lo com estratégia e propósito.

# O CONSULADO: UMA
# ESCOLA DE CONEXÕES

Trabalhar no consulado foi uma experiência transformadora. Mais do que aprender sobre cultura, política e relações internacionais, eu entendi algo essencial: o poder de um simples telefonema.

E se tem um episódio que ilustra isso, foi a vez que, às 3h da manhã, meu celular tocou (sim, naquela época eu ainda dormia com ele ligado).

"Miréia, às 6h o Presidente da Bolívia estará correndo na orla do Rio de Janeiro junto ao Presidente da França. Precisamos da imprensa cobrindo tudo!"

Primeira reação? Pânico.

Segunda reação? Agir.

Liguei para um amigo influente e, em poucos minutos, tinha em mãos os contatos dos principais jornalistas de plantão no Brasil. Resultado? Sucesso absoluto! A cobertura saiu em todos os veículos, com direito a transmissão ao vivo e entrevistas exclusivas.

## O PODER DA CONEXÃO: COMO TRANSFORMEI UM SONHO EM REALIDADE NA BOLÍVIA

Na vida, a gente precisa escolher um mentor. Alguém que inspire, que nos faça enxergar além do óbvio e que, acima de tudo, acredite em nosso potencial, mesmo quando nós mesmos estamos perdidos. Quando comecei minha trajetória como jornalista, ainda dentro da redação de um jornal, prestava atenção nos detalhes de cada pessoa ao meu redor. Eu sabia exatamente o que queria — e, talvez mais importante ainda, o que não queria. Nunca almejei fama. O que sempre quis foi ter minha independência financeira, pagar minhas contas com honestidade, viajar, conhecer o mundo, comprar o que eu desejasse sem culpa e viver dentro de um padrão que me fizesse feliz.

E foi assim, seguindo esse desejo de liberdade e realização, que a vida me apresentou um mentor em São Paulo. Esse mentor não me entregou fórmulas mágicas, mas me ensinou a transformar dificuldades em oportunidades — e acredite, na prática. Vou dividir uma história com vocês. Não falarei nomes por uma questão ética, mas prometo que a experiência vale a leitura.

Era inverno em São Paulo, o frio cortante fazia os termômetros marcarem 3 graus. Eu, como sempre, acordei feliz, cantando e agradecendo a Deus pela vida — mesmo em meio ao caos que, às vezes, insistia em aparecer. O céu estava cinza, as ruas lotadas de gente apressada, vestindo casacos pesados, cachecóis e gorros, em um ritmo frenético que lembrava as grandes capitais europeias. Peguei um ônibus na Avenida Paulista e desembarquei em frente ao Consulado da Bolívia, onde eu já tinha uma situação para resolver.

Uma equipe de uma emissora de TV importante queria gravar um especial sobre a gastronomia, o turismo, a arte e a cultura do povo boliviano. A ideia era incrível, mas havia um pequeno detalhe: não tínhamos um centavo para financiar essa viagem. Na minha cabeça, a equipe já teria todo o recurso para seguir com o projeto. Mas a resposta foi um sonoro "não". Eles tinham uma ideia, um passaporte e um sonho. Só isso. E eu? Bom, eu também não tinha recursos, mas sabia que queria fazer parte daquela aventura.

Foi quando meu mentor olhou nos meus olhos e disse:

"Você é assessora de comunicação, precisa fazer a diferença. Se vira! Enxergue as oportunidades à sua frente e use os recursos que tem para tornar isso realidade."

Eu saí do Consulado sentindo o peso do desafio. O que fazer? Como viabilizar essa viagem sem dinheiro? Parei em um barzinho ali perto, pedi uma caipirosca, um frango a passarinho (bem paulista) e fiquei ali, pensando. Foi naquela noite boêmia que a solução veio como um estalo: claro! Iríamos buscar apoio! Hotéis, restaurantes, empresários bolivianos que incentivavam a cultura, companhias aéreas... Era um projeto bonito, forte, com potencial para vender o melhor da Bolívia para o mundo. E foi exatamente isso que fizemos.

Dias depois, lá estávamos nós, embarcando para a Bolívia, com tudo patrocinado! A equipe de gravação, uma atriz famosa e um esportista que estava prestes a desafiar a natureza pedalando pelo "Camino de la Muerte", em Coroico. O detalhe? Estava nevando! Sim, na Bolívia neva. Estávamos a mais de 3.500m acima do nível do mar, o ar rarefeito dificultava a respiração, mas o frio intenso não impediu a adrenalina de correr nas veias de cada um de nós.

Dentro da van, eu observava tudo. Cada imagem captada, cada entrevista gravada, cada cena que, mais tarde, se tornaria um conteúdo poderoso sobre um país que, até então, era desconhecido para mim — e que, de repente, já fazia parte da minha história.

## A BOLÍVIA E SUAS SURPRESAS

Nossa primeira parada foi La Paz, a capital mais alta do mundo. E que cidade! O primeiro impacto foi a altitude — confesso que precisei de um tempo para me acostumar ao ar rarefeito. Mas logo fui fisgada pelo caos encantador das ruas, pelo cheiro irresistível da comida de rua e pelo colorido das cholas bolivianas, com suas saias rodadas e chapéus-coco. A gastronomia? Um espetáculo à parte! Experimentei a salteña, uma espécie de empanada suculenta, e tomei um chá de coca para aliviar o mal da altitude e muitas vezes mascava a folha sem parar, na paranoia de não ter o "mal de altitude"; não passei mal em nenhum momento, mas vi muita gente enjoada.

Seguimos para Cochabamba, conhecida como a capital gastronômica da Bolívia. Se La Paz me apresentou à cultura vibrante, foi em Cochabamba que me rendi aos prazeres da culinária. O prato mais famoso? O pique macho – carne macia, batatas fritas e pimentões, regados a um molho irresistível. Mas o que mais me encantou foi a receptividade das pessoas. Ali, tudo girava em torno da comida, das conversas longas à mesa, das histórias compartilhadas entre uma garfada e outra.

Depois, visitamos o Lago Titicaca, um dos lugares mais mágicos que já vi. Uma imensidão de azul sem fim, o azul das águas cercado pelas montanhas, parecia coisa de outro mundo. Conhecemos a Ilha do Sol, onde dizem que nasceu a civilização inca e que sensação. Os povos indígenas que vivem ali mantêm tradições milenares, e foi emocionante ouvir suas histórias, sentir a força de sua cultura e experimentar a truta fresca, pescado típico do lago.

Nossa jornada seguiu para Potosí, cidade histórica que já foi uma das mais ricas do mundo graças às minas de prata. Andar por suas ruas era como viajar no tempo. Visitamos uma mina e vi de perto a realidade dura dos trabalhadores, mas também a resiliência e o orgulho de um povo que carrega séculos de história. Era fascinante visitar os restaurantes e ver toda louça de prata, por onde andava via prata! E para adoçar a experiência, provei o api com pastel, uma bebida quente de milho roxo servida com uma espécie de pastel frito.

## MAIS DO QUE UMA VIAGEM, UMA CONEXÃO

Essa experiência na Bolívia foi muito mais do que um trabalho. Foi a prova de que, com criatividade e ousadia, podemos transformar sonhos em realidade. Eu poderia ter desistido quando ouvi que não havia dinheiro para a viagem. Mas escolhi enxergar além. Escolhi buscar soluções, conectar pessoas e criar oportunidades.

E foi assim que descobri o verdadeiro poder da comunicação. Não é apenas sobre divulgar algo, mas sobre conectar histórias, culturas e pessoas. Sobre acreditar no impossível e fazer acontecer.

Afinal, quando você realmente quer algo, o universo dá um jeito de abrir as portas. E naquela viagem para a Bolívia, todas as portas se abriram para mim.

Essa viagem para a Bolívia não foi apenas uma aventura profissional, mas uma verdadeira lição sobre coragem, conexão e pertencimento. E que ano simbólico para vivê-la! Afinal, este ano de 2025 é especial para a Bolívia – são duzentos anos de história, cultura e resistência, um bicentenário que ecoa como um poema escrito pelo tempo, narrando a força de um povo que nunca desistiu de sua identidade. Em cada esquina, em cada prato servido, em cada música tocada nos becos coloridos de La Paz, pude sentir o pulsar dessa nação que, por dois séculos, construiu sua trajetória com garra e alma. Foi um privilégio estar ali, bem no meio dessa celebração silenciosa, onde o passado e o futuro se encontram, onde a tradição se entrelaça com a modernidade, provando que um país é feito não apenas de terra, mas de suas histórias, sabores e sons.

• Técnica de Conexão:
Se você quer construir uma rede de contatos sólida, tenha coragem de pedir ajuda. Mas faça isso com propósito! Ao invés de apenas "precisar de algo", esteja pronto para oferecer valor também. Conexão verdadeira acontece quando há troca.

## NETWORKING DE MÃO DUPLA

Sempre tive curiosidade em entender por que algumas pessoas prosperam mais rápido do que outras. O que diferencia um profissional reconhecido daqueles que ficam estagnados?

A resposta veio numa sala de reunião em Fort Lauderdale, nos Estados Unidos. A arquiteta, não citarei nomes por conta da ética profissional, foi convidada a apresentar apenas um projeto. Estávamos ali para uma negociação importante, e então ela entrou. Mas não era qualquer arquiteta. Ela tinha presença, estratégia e domínio completo do jogo.

Ela sabia exatamente quem precisava estar à mesa para o projeto acontecer. O incorporador? Já estava engajado. O banco? Alinhado. A construtora? Preparada. O cliente? Convencido antes mesmo de assinar. Detalhe importante, não sabíamos que ela, antes de apresentar o projeto e a proposta, já tinha tudo isso na mão. No final da reunião, a pergunta dela foi simples e direta: "Fechamos?"

E o cliente só tinha uma resposta possível: sim!

Foi ali que entendi algo fundamental: quem sabe se conectar, transforma oportunidades em resultados.

O que tornou essa arquiteta tão eficaz não foi apenas sua competência técnica, mas sua habilidade estratégica de criar conexões antes mesmo da negociação acontecer. O segredo? Ela aplicou o Networking de Mão Dupla, um conceito baseado na construção de relacionamentos genuínos e na antecipação de interesses.

• Técnica de conexão:

1. Mapeamento das Partes Envolvidas

Antes de apresentar uma proposta, ela identificou todos os envolvidos no processo e entendeu suas necessidades e interesses. Incorporador, banco, construtora e cliente – todos já estavam engajados antes da reunião.

2. Alinhamento Prévio

Em vez de simplesmente esperar pela reunião para convencer as partes, ela trabalhou nos bastidores, garantindo que cada parte envolvida estivesse alinhada e confortável com a decisão antes mesmo de ser formalizada.

3. Geração de Valor Antes da Troca

Ela não chegou apenas para "pedir" ou "vender" seu projeto. Primeiro, construiu uma rede de confiança, agregando valor para cada envolvido, seja por meio de insights, expertise ou facilitação de conexões estratégicas.

4. Confiança e Segurança na Apresentação

Como já havia pavimentado o caminho, sua abordagem na reunião foi direta e objetiva. Em vez de pedir validação, ela trouxe uma solução estruturada e fez a pergunta final de fechamento com plena confiança.

5. Networking Estratégico e Contínuo

Ela sabia que networking não é apenas sobre conhecer pessoas, mas sobre cultivar relacionamentos e criar um ecossistema onde as oportunidades fluam de forma natural e contínua.

# PASSOS ACADÊMICOS X VOCAÇÃO

Desde os meus primeiros passos na vida acadêmica, sempre procurei algo que complementasse minha vocação e amplificasse meu potencial. Naturalmente, minha trajetória se moldou ao redor de um talento inato: conectar pessoas. Gosto de reunir profissionais com interesses em comum, promover trocas ricas de conhecimento, experiências e até mesmo amizades. Muitas dessas conexões se transformam em oportunidades valiosas, gerando negócios e parcerias que talvez jamais existissem sem esse ambiente propício ao encontro.

Foi com essa mentalidade que me envolvi em um projeto singular, um verdadeiro marco na minha trajetória profissional. Tudo começou de forma inesperada, com uma ligação que mudaria completamente os rumos do meu trabalho naquele momento. Eu estava em São Paulo quando um empresário europeu entrou em contato, propondo um desafio instigante: abrir portas para a comercialização de caviar em estabelecimentos de alto padrão na cidade.

O universo do luxo sempre me fascinou. Trata-se de um segmento exclusivo, exigente e, ao mesmo tempo, repleto de possibilidades para quem entende seu funcionamento. Trabalhar com um produto sofisticado como o caviar exigia mais do que simplesmente apresentar uma mercadoria; era necessário criar uma experiência, um conceito, uma história que fizesse sentido para os consumidores. E foi exatamente essa a abordagem que adotei.

Diante da oportunidade, desenhei uma estratégia focada em conectar os pontos certos. Sabia que, para o sucesso desse projeto, não bastava apenas apresentar o produto aos potenciais compradores, mas sim criar uma rede de relações onde todas as partes envolvidas saíssem ganhando. Afinal, networking eficaz é uma via de mão dupla — só faz sentido quando gera valor para todos.

## ESTRATÉGIA E EXECUÇÃO: A CONSTRUÇÃO DE UMA REDE VALIOSA

O primeiro passo foi identificar estabelecimentos que se encaixassem no perfil adequado. A seleção foi criteriosa, focando restaurantes de alta gastronomia, hotéis luxuosos e lojas especializadas que pudessem não apenas vender o produto, mas integrá-lo de forma autêntica à sua experiência gastronômica.

Com um planejamento estruturado, defini uma agenda estratégica composta por reuniões cuidadosamente organizadas para que cada encontro fosse produtivo e impactante. O objetivo era garantir que o representante do produto, um especialista na área, pudesse apresentar as variedades de caviar disponíveis, destacando características como sabor, tamanho, cor e valor, sempre alinhadas às necessidades e preferências do público-alvo.

As parcerias estratégicas foram um ponto crucial dessa empreitada. Não se tratava apenas de vender um produto, mas de construir relações sólidas e duradouras com chefes de cozinha renomados e empresários do setor gastronômico. Criamos degustações exclusivas, encontros personalizados e momentos que iam além de uma simples negociação comercial — era uma verdadeira imersão no universo do caviar.

## O RESULTADO: UMA ORQUESTRA BEM AFINADA

Organizar essa operação foi como reger uma grande orquestra. Cada reunião, cada apresentação e cada detalhe precisavam estar em perfeita sintonia para que a experiência fluísse harmoniosamente. O requinte dos locais escolhidos, a postura dos profissionais envolvidos e a forma como cada proposta era conduzida criaram uma atmosfera onde tudo parecia funcionar como uma melodia bem ensaiada.

Claro, havia desafios. Todo projeto desse porte carrega consigo incertezas e riscos. Mas, com um trabalho bem estruturado e conexões bem alinhadas, o resultado não poderia ter sido diferente: a entrada do caviar no cenário gastronômico de São Paulo foi um sucesso absoluto! Cada parceria fechada, cada estabelecimento conquistado e cada nova oportunidade gerada reforçaram algo que sempre acreditei: conexões bem-feitas são transformadoras.

Essa experiência reforçou minha visão sobre a importância do networking estratégico. Não basta apenas conhecer pessoas ou trocar cartões de visita; é essencial criar relações genuínas, entender as necessidades dos envolvidos e construir pontes que sejam vantajosas para todos os lados. Afinal, no mundo dos negócios — e da vida — tudo funciona melhor quando há reciprocidade. O verdadeiro networking acontece quando a troca é equilibrada, quando ambas as partes se beneficiam e quando os elos construídos vão além de interesses momentâneos.

Esse projeto foi mais do que uma conquista profissional. Foi a prova de que, quando conectamos as pessoas certas no momento certo, resultados extraordinários acontecem. E, no fim, tudo isso me lembrou que no universo do luxo — e em qualquer outro setor — não basta apenas estar presente. É preciso fazer a diferença, agregar valor e, acima de tudo, entender que conexões bem construídas são sempre uma via de mão dupla.

• Técnica de Conexão:
Esteja sempre atento às dores e necessidades das pessoas ao seu redor. O segredo das conexões bem-sucedidas é oferecer soluções antes mesmo que elas sejam pedidas.

# O PODER DE UMA LIGAÇÃO

Minha facilidade para me conectar com pessoas não surgiu do nada. Na verdade, sempre fez parte de mim.

Quer um exemplo? Aos 15 anos, eu sonhava com uma grande festa de aniversário. Mas meus pais não tinham condições financeiras para bancar tudo o que eu queria. O que fiz? Mobilizei minha rede!

Conectei fornecedores, amigos, conhecidos e, aos poucos, fui organizando o evento dos meus sonhos.

Naquela época, não existia WhatsApp, então o telefone público – orelhão – virou meu escritório improvisado. Fiz chamadas estratégicas, negociei, envolvi as pessoas certas e, no final, tive a festa que tanto queria.

Sem perceber, ali estava eu, exercitando algo que me acompanharia pelo resto da vida: a habilidade de unir interesses e construir parcerias de valor.

## CONEXÕES QUE TRANSFORMAM CAMINHOS

E essa habilidade não ficou restrita à minha adolescência. Ela cresceu comigo, se aperfeiçoou e se tornou parte essencial da minha jornada.

Anos depois, já adulta, me vi em uma situação completamente diferente. Eu estava desempregada, chateada e buscando um caminho novo. Para espairecer, passei o fim de semana na casa de amigos em Porto de Galinhas, em Pernambuco, minha terra natal. O mar cristalino, as ondas calmas e o sol escaldante serviam como um refúgio para minha mente inquieta.

Mas, como dizem, oportunidades surgem quando menos esperamos. E ali, entre mergulhos e conversas despretensiosas, testemunhei algo curioso: um papo de escritório em pleno mar. Uma conversa casual entre amigos, regada ao balanço das águas, acabou mudando minha vida. A história se desenrolou assim: um amigo ligou para outro amigo para falar de mim. Entre risadas e histórias, meu nome surgiu como alguém que poderia agregar valor a um novo projeto. Antes que eu percebesse, o fim de semana relaxante se transformou em uma ponte para minha nova oportunidade.

Na segunda-feira seguinte, lá estava eu, sentada no escritório, em uma reunião que definiria os próximos anos da minha vida. Para minha surpresa, recebi o convite para dirigir um programa de TV na Band sobre enogastronomia. Uma chance única, um desafio grandioso, uma virada inesperada!

E assim, graças a uma simples conexão entre pessoas, fiquei no ar durante anos, vivendo intensamente essa experiência, até decidir abraçar outro capítulo da minha trajetória.

Ao longo da vida, percebi que nada acontece por acaso. Cada encontro, cada troca, cada olhar compartilhado traz consigo um significado. A conexão sempre esteve presente na minha trajetória, tecendo laços invisíveis, mas inquebráveis, entre pessoas, histórias e propósitos.

Foi essa capacidade de me conectar – com experiências, com pessoas, com sonhos – que tornou possível a construção deste projeto tão especial. Um projeto que não é apenas um livro, mas um palco para histórias de mulheres vencedoras que, assim como eu, trilharam caminhos repletos de desafios, superações e conquistas. Mulheres que se reinventaram, que encontraram forças nas suas vulnerabilidades e que hoje inspiram outras a fazer o mesmo.

Cada relato aqui presente é um testemunho da força que reside na conexão humana. São vozes que se entrelaçam, formando uma sinfonia de coragem, resiliência e transformação. Porque, no fim das contas, somos feitos das pessoas que passam por nós, que nos deixam algo de si e levam um pouco de nós consigo. Acredito que não há crescimento sem trocas, sem aprender e ensinar, sem estender a mão e receber apoio quando necessário.

Estar conectada com essas histórias me fortalece. Cada uma

delas reflete um pedaço do que sou, pois me fizeram enxergar novos horizontes, questionar certezas, reescrever minha própria trajetória. Elas me lembram que não estamos sozinhas, que juntas somos mais fortes, que a verdadeira conquista está na partilha.

A conexão transforma, amplia, expande. Ela dá sentido à nossa caminhada, torna mais leve o que parecia impossível e fortalece os laços que nos sustentam. Neste livro, cada palavra é um fio que une vidas, que aproxima corações, que constrói pontes entre o passado, o presente e o futuro.

E que privilégio é poder compartilhar esse espaço, esse sonho, esse palco. Porque no final, o que realmente importa não é apenas a história que contamos, mas as conexões que criamos ao longo do caminho.

## CONEXÕES: UMA VIA DE MÃO DUPLA

Essa história – e tantas outras que vivi ao longo da minha vida – reforça algo que sempre acreditei: as melhores oportunidades surgem das relações que cultivamos. O networking não é apenas sobre conhecer pessoas ou ter contatos guardados no celular. Ele trata de gerar valor para os outros tanto quanto buscamos receber. É uma via de mão dupla, onde todos saem ganhando quando a troca é genuína.

Acredito profundamente que toda relação construída com respeito, autenticidade e reciprocidade pode ser a peça-chave para uma virada profissional ou pessoal. Às vezes, um simples encontro, uma conversa inesperada ou até um telefonema podem abrir portas que jamais imaginaríamos atravessar.

E essa é a grande beleza das conexões: elas nos transformam, nos movem e nos levam a lugares que, sozinhos, talvez nunca conseguiríamos alcançar.

• Técnica de Conexão:
Para criar relações duradouras, seja leve. Ninguém gosta de ser

abordado apenas para resolver problemas. Relacionamentos genuínos são construídos com naturalidade, empatia e confiança.

## A LEVEZA COMO CHAVE PARA RELAÇÕES DURADOURAS

Sabe o que diferencia uma conexão passageira de uma relação de valor? A leveza. Não há nada mais desgastante do que alguém que só aparece quando precisa de algo. Relações verdadeiras são construídas em cima de respeito, reciprocidade e uma boa dose de autenticidade.

Se você quer criar uma rede forte, faça isso sem pressa e sem segundas intenções. Esteja presente, seja útil, compartilhe conhecimento. Porque no final das contas, as melhores conexões são aquelas que fluem naturalmente.

No mundo das conexões genuínas, existe um fator essencial que diferencia relações passageiras daquelas que perduram e geram resultados concretos: a leveza. O networking eficaz não se trata de forçar relacionamentos ou agir apenas quando se precisa de algo. Pelo contrário, as conexões mais poderosas são construídas de forma natural, através da reciprocidade, confiança e presença contínua.

Foi exatamente essa abordagem que tornou a arquiteta da história um exemplo brilhante do Networking de Mão Dupla. Ela não apareceu na reunião esperando convencer as pessoas naquele momento. Seu trabalho foi realizado muito antes: ela já havia estabelecido confiança, alinhado interesses e se tornado uma ponte entre os envolvidos.

# COMO O NETWORKING DE MÃO DUPLA SE CONECTA COM A LEVEZA?

• Relacionamentos Genuínos Antes das Oportunidades
Ao invés de buscar conexões apenas quando precisava de algo, a arquiteta construiu um ecossistema onde as relações eram contínuas. Ela entendeu que relações fortes são nutridas ao longo do tempo, sem a pressão de um pedido imediato.

• Presença e Engajamento Sem Pressa
Ela não forçou um discurso de persuasão na reunião. Tudo já estava bem encaminhado porque ela havia se feito presente nos momentos certos, cultivando a confiança necessária para que a decisão fluísse naturalmente.

• Ser Útil Antes de Ser Necessário
O segredo de um networking duradouro é oferecer valor antes de esperar algo em troca. A arquiteta já tinha mapeado as necessidades do incorporador, do banco, da construtora e do cliente, apresentando uma solução que atendia a todos sem fricção.

• A Arte de Facilitar, Não de Exigir
Conectar pessoas não é sobre pressionar ou cobrar favores, mas sobre orquestrar relações de maneira estratégica e fluida. A arquiteta não impôs seu projeto, mas sim criou um ambiente onde ele se tornou a melhor escolha possível.

• Fechamento Natural e Inevitável
Ao chegar na reunião, ela apenas formalizou o que já estava alinhado. Sua pergunta final – "Fechamos?" – não veio com peso, nem como uma tentativa de convencimento. Era apenas a conclusão lógica de um processo bem conduzido.

• Técnica de Conexão:
O Networking de Mão Dupla ensina que relações valiosas não são construídas na base da urgência, mas sim da continuidade. Quando você se torna alguém confiável, presente e capaz de agregar valor aos outros, as conexões fluem sem esforço. A leveza, portanto, não é ausência de estratégia, mas sim a prova de que as melhores conexões acontecem quando são cultivadas naturalmente, sem interesses forçados.

## O SALTO ALTO QUEBROU

A mesma força que temos para criar laços e unir pessoas também pode ser usada para afastá-las? O mesmo fascínio em construir pontes pode, em um instante, se tornar um fascínio pela desconexão? A verdade é que, quando apresentamos alguém, queremos que a parceria prospere, que o negócio cresça, que tudo se transforme em uma história de sucesso. Mas, para nossa surpresa, nem sempre é assim.

Quer um exemplo? E esse exemplo chegou em um dia tranquilo, em meio ao aroma do café expresso e ao calor de um pão de queijo recém-saído do forno. Estava tomando café da manhã com minha irmã − um ser humano que amo profundamente − quando meu telefone tocou. Era um amigo, aflito, pedindo para me encontrar. Sua voz carregava o peso da incerteza. Sem dinheiro, sem projetos, sem perspectivas, ele queria minha opinião e, se possível, minha ajuda para se inserir no universo da arquitetura.

Mesmo diante de um cenário desafiador, vi ali uma oportunidade de reativação. Por que não retomar com força total os projetos imobiliários dentro da DM Comunicação, agência que criei? Sempre atuamos no setor de comunicação, mas tínhamos uma vertente voltada para conectar profissionais do ramo imobiliário com clientes em busca de projetos exclusivos. E essa poderia ser a chance de resgatar essa expertise.

Animada com a ideia, comecei a movimentar minha rede. Fiz ligações estratégicas, reativei contatos e, em pouco tempo, criamos conexões valiosas para gerar novos negócios. Afinal, aquele arquiteto não era apenas um amigo, mas um parceiro com quem eu queria crescer e evoluir profissionalmente. Ter pessoas éticas e comprometidas ao nosso lado é essencial para qualquer jornada bem-sucedida. Parceiros verdadeiros são aqueles que jogam no mesmo time, que entendem que sucesso se constrói em conjunto e que uma relação profissional se baseia na confiança mútua.

Rapidamente, o trabalho começou a fluir. Clientes surgiram, projetos foram iniciados e tudo parecia caminhar bem. Eu estava feliz não apenas pelos negócios, mas porque via um amigo recuperar sua autoestima e seu entusiasmo profissional. Ele, que antes temia o pesadelo de voltar ao ambiente corporativo e trabalhar em uma empresa onde não se sentia valorizado, agora enxergava novas possibilidades.

Mas, como diz o ditado, "nem tudo que reluz é ouro". E foi aí que o salto alto quebrou.

## QUANDO A CONFIANÇA SE ROMPE

Tínhamos um acordo verbal. A proposta era clara: construir parcerias e expandir os negócios juntos. No entanto, esse acordo só existia para mim, porque, para ele, não passava de palavras soltas ao vento.

Em uma noite sofisticada, enquanto estava em um evento, fui abordada por um cliente em potencial. Sorridente e satisfeito, ele me parabenizou pela conexão que havia feito, afirmando que o arquiteto que eu apresentei já estava desenvolvendo alguns projetos e que tudo corria perfeitamente bem.

A questão aqui era a seguinte: eu não fazia ideia do que ele estava falando.

Fui pega de surpresa. Sem qualquer comunicação prévia, meu suposto parceiro já havia fechado contratos, iniciado trabalhos e avançado nos projetos sem sequer me informar. O que teria ocorrido nesse episódio? Traição? Amnésia? Desonestidade? Ingenuidade da minha parte? Ou apenas a dura constatação de que acordos verbais não sustentam relações profissionais? A resposta veio quando, indignada, procurei o arquiteto para uma conversa. Entre justificativas evasivas e desculpas esfarrapadas, ouvi a explicação mais absurda de todas: "O cliente pediu sigilo."

"Oi?"

A mesma pessoa que, ao me encontrar, não hesitou em compartilhar sua satisfação com a parceria, agora era a justificativa para me excluir do processo? O argumento não fazia o menor sentido. E, naquele momento, tive certeza de onde havia errado: confiei demais sem um respaldo jurídico.

## A IMPORTÂNCIA DO CONTRATO: PROTEÇÃO ALÉM DA PALAVRA

Negócios são baseados em confiança, mas confiança sem formalização é uma porta aberta para frustrações. Mesmo entre amigos, parceiros de longa data ou conhecidos de confiança, um contrato é essencial. Ele não apenas estabelece direitos e deveres, mas também protege todas as partes envolvidas de mal-entendidos e desgastes desnecessários.

Quantas histórias já ouvimos de relações rompidas porque um dos lados decidiu mudar as regras do jogo sem avisar? Quantos projetos promissores desmoronaram porque a ética ficou em segundo plano diante da oportunidade de ganhar mais sozinho?

A verdade é simples: o que não está no papel, não existe.

Muitas pessoas acreditam que um acordo verbal é suficiente, principalmente quando há amizade envolvida. Mas a experiência me ensinou que, sem um contrato formal, estamos vulneráveis a surpresas desagradáveis. Um documento assinado não significa desconfiança, mas sim segurança para ambas as partes. Ele evita ruídos na comunicação, estabelece expectativas claras e garante que o que foi combinado será cumprido.

## A ELEGÂNCIA DO COMPROMISSO E A RUÍNA DA FALSIDADE

Na vida, temos muitas opções e oportunidades. Mas uma coisa é certa: precisamos estar atentos à fidelidade (sim, fidelidade é um compromisso que vai além da amizade, é um pacto com a verdade). A mesma intensidade com que abrimos portas pode ser a que as fecha para sempre.

A palavra "desculpa" pode ser educada, pode parecer elegante, mas não apaga a atitude tomada. Não desfaz a quebra de confiança, não apaga o impacto de uma parceria desfeita.

O salto quebrou, mas...

... Caminhar descalça é sempre melhor do que tropeçar ao lado de quem não sabe andar junto.

## QUANDO AS CONEXÕES SE ROMPEM

O salto alto quebrado é uma metáfora para relações que, à primeira vista, parecem sofisticadas e promissoras, mas que, com o tempo, mostram sua fragilidade. Ele representa a ilusão de uma parceria que parecia segura, mas que não resistiu ao peso da falta de caráter e compromisso.

Infelizmente, algumas pessoas não cumprem o que prometem. Aproveitam-se da confiança depositada nelas e se esquecem de que o sucesso real não é construído sozinho, mas sim através de relações sólidas e transparentes.

O aprendizado dessa história? Jamais confie apenas na palavra. Formalize, proteja-se e, acima de tudo, valorize quem caminha ao seu lado com integridade.

O salto pode ter quebrado, mas eu sigo em frente, agora mais atenta e com passos ainda mais firmes.

- Técnica de Conexão:

Acordos claros para relações sustentáveis.

Relações sólidas são construídas com confiança, mas também com clareza. Muitas conexões promissoras acabam se rompendo não por falta de afinidade ou competência, mas porque expectativas não foram alinhadas e compromissos não foram formalizados.

A verdadeira conexão exige transparência e respeito mútuo, e isso inclui estabelecer acordos legais, mesmo entre amigos. Negócios e parcerias precisam de bases concretas, pois a boa intenção de hoje não garante a responsabilidade de amanhã. Quando tudo está documentado, evita-se desgastes desnecessários, mal-entendidos e, principalmente, decepções que poderiam ser prevenidas.

Proteger-se não significa falta de confiança, mas sim valorizar o que foi construído e garantir que ambas as partes tenham segurança para seguir em frente com integridade. Afinal, as melhores conexões são aquelas que resistem ao tempo e aos desafios, sem surpresas desagradáveis no caminho.

# CONCLUSÃO: A FORÇA DAS CONEXÕES

Ao longo dessa jornada, ficou claro que a conexão não é apenas um detalhe, mas sim a essência de tudo o que construímos. As experiências vividas, os aprendizados adquiridos e as relações cultivadas são o que verdadeiramente moldam nosso caminho.

Construir conexões com leveza, reciprocidade e propósito não apenas abre portas, mas também fortalece laços que nos acompanham em cada etapa da vida. Porque no final, quem constrói relações com propósito nunca caminha sozinho.

A jornada ainda não acabou. A busca continua, os sonhos ainda existem e é sempre um prazer se conectar com pessoas e interesses!

# CELINA BREDEMANN

Empresária e Especialista em brigadeiro gourmet
Insta: @celinabrigadeiro

Sócia proprietária do Araras Coffee. Sou apaixonada por café de qualidade e pela arte de servir. Em busca constante de novas experiências e sabores. Acredito que cada xícara conta uma história.

# A JORNADA DE MIL MILHAS COMEÇA COM O PRIMEIRO PASSO

Meu nome é Celina Bredemann, sou natural de Mauá, no estado de São Paulo. Sou casada com Marcos Bredemann e mãe de Brandon Bredemann. Sou uma mulher sonhadora e temente a Deus.

Filha de Catarina e Paulo, e tenho mais seis irmãos. Sempre amei minha família, mas Deus tinha outros planos para minha vida. Desde os 8 anos, já sabia o quanto a fé pode mover montanhas. Comecei a trabalhar muito cedo para ajudar em casa, pois éramos muitos a cuidar.

Sempre fui a que corria atrás das oportunidades e, aos 14 anos, vi uma chance de morar e trabalhar para uma família em São Paulo. Criei vínculos com eles, que me tratavam como filha e irmã. Eles me adotaram de coração e foi ali que tudo começou a mudar na minha vida. Lembro-me até hoje do cheiro do meu quarto e de como era agradável viver ali, ser amada e respeitada. Esse foi meu primeiro contato com outra cultura, pois eles eram imigrantes estrangeiros que venceram no Brasil.

Eu havia parado de estudar na quinta série, mas, cinco anos depois, voltei aos estudos, entrei em uma escola e terminei o ensino médio. Foi na escola que fiz muitas conexões e conheci o Marcos, que se tornou meu amigo. Juntos, começamos a fazer cursinho para a faculdade. Nossa amizade evoluiu para namoro e, em seguida, noivado.

Nada foi fácil na minha vida, mas eu sempre tento ver o lado bom de cada momento. Você, que está lendo minha história, provavelmente perceberá que, ao longo dela, vou deixando algumas "chaves" e sinais importantes.

Estava noiva e sonhando com um casamento de princesa. Um dia, enquanto conversava no quintal da casa da minha sogra sobre como seria a festa, percebi que não tínhamos dinheiro para realizar tudo o que eu sonhava. Então, ouvi um dos membros da família sugerir que a festa acontecesse no quintal da casa, com bolo e guaraná. Ouvi, sorri por fora, mas por dentro eu queria muito mais. Eu sabia, no fundo, que com fé e desejo tudo seria possível.

Convidei o Marcos para conhecer a igreja dos meus sonhos: a Igreja de Santa Terezinha. Era lá que eu queria me casar, pois, sempre que tocava a música "Ave Maria", pétalas de rosas caíam do teto, que se abria magicamente. Aquilo era simplesmente encantador. Fui anotando tudo o que queria para o meu casamento dos sonhos, mesmo sem ter condições financeiras. Eu sentia o cheiro das rosas caindo e me via entrando na igreja, tudo parecia tão real, até sentia meu coração gelado pela emoção.

Marcos também amou a igreja e marcamos a data: 21 de novembro de 1998, às 18h, na Rua Maranhão, 617, Higienópolis, São Paulo. Marcos achava que era loucura, pois a igreja era enorme e ele não conhecia tantas pessoas assim para lotá-la. Para ele, um casamento desses, com a igreja vazia, não faria sentido. Mas, eu sentia que Deus estava comigo e que Ele queria isso para mim. A data estava marcada e agora eu precisava correr para organizar tudo. Eu tinha um ano para os preparativos. Marcos sempre me apoiou, mesmo preocupado com os meus grandes sonhos.

Trabalhei muito e até fazia as unhas das minhas amigas nos fins de semana para guardar cada centavo. Eu queria que toda a família estivesse bem vestida e linda para o meu casamento. Comprei ternos para meu pai, vestidos para minha mãe e irmãos, e até para as daminhas. Eu queria tudo perfeito.

Sempre falei com minha mãe, aquela que me deu a vida. Ela sempre foi minha rainha, e eu fiz tudo por ela. A família que me acolheu também me apoiou para que esse sonho se realizasse. No entanto, com meu pai, tive uma história triste, e passei anos sem falar com ele. Mas, antes do casamento, eu estava disposta a perdoá-lo e pedi que ele entrasse comigo no altar, pois era meu dia especial e eu queria todos ao meu lado.

Nesse período, o Marcos perdeu o emprego, o que nos deixou um pouco tensos com a situação. Mas eu disse a ele: "Não há mal que não traga um bem. Você vai encontrar outro emprego." E foi então que o amigo do Marcos, que morava em Nova York, sugeriu que ele fosse morar lá. Ele disse: "Por que vocês não vêm morar aqui? Eu posso ajudá-lo a arranjar um trabalho. Venha, e traga sua esposa." Nunca pensei em sair do Brasil, mas a ideia me agradou.

Foi aí que tudo começou a fazer sentido para mim. Decidimos aproveitar a oportunidade e mudar de país. Quando contamos a novidade, foi uma surpresa para todos. Mas a festa de casamento aconteceria, e nada iria mudar isso. Contratamos uma banda de música, flores para a igreja e também reservamos um jantar em um buffet lindo, que também fazia parte dos meus sonhos.

Comecei a enviar os convites de casamento, avisando que, após a cerimônia, iríamos morar em outro país, e que não era necessário nos dar presentes. Porém, o que aconteceu a seguir foi o mais incrível, e mais uma prova de que Deus é bom o tempo todo: comecei a receber envelopes com dinheiro de presente. Todos os dias, um envelope chegava, e assim eu fui pagando os preparativos do casamento. A prova do vestido, a escolha da coroa, a decoração com flores – minha sogra foi um anjo, me ajudando em todos os momentos. As flores que escolhemos para enfeitar as cadeiras da igreja, o cheiro delas... tudo estava perfeito. O casamento foi um sonho realizado, e as pessoas não acreditavam que eu tinha pensado em cada detalhe com tanto carinho.

Entrei na igreja ao som da música dos meus sonhos: a Marcha Nupcial. O som dos violinos, tocando a música Midsummer Night's Dream, foi tudo o que eu sonhei. O impossível não existe. Cheguei de limousine branca e pude sentir as gotas de chuva caindo sobre mim naquele dia. Eram chuvas de bênçãos. Tudo foi perfeito.

A igreja estava cheia, e tudo foi preparado por Deus. Naquele dia, aconteceriam outros casamentos além do meu, e a noiva que se casaria antes de mim se atrasou. Assim, os convidados dela ficaram no meu casamento, e, junto com meus convidados, encheram a igreja. Que coisa mais linda! O poder do Espírito Santo se manifestando em nossas vidas.

Após a cerimônia, fomos para a festa no buffet Serra, que ficava na Avenida Higienópolis, 996, 5º andar, em São Paulo. A festa foi maravilhosa! Dançamos a noite inteira. Foi um sonho realizado. Todos estavam felizes, assim como eu. Aquela festa foi a minha despedida, pois no dia seguinte partiríamos para a lua de mel em Natal, no Rio Grande do Norte. Ficamos lá por 5 dias e depois retornamos a São Paulo. Quando voltamos, seguimos viagem para os Estados Unidos. Chegamos a Nova York no dia 3 de dezembro de 1998. Quando pousamos na Ilha de Manhattan, lembro do cheiro no ar – era inverno, e o frio era intenso. Fomos para o hotel, onde ficamos por um dia, e no dia seguinte pegamos o trem para a cidade que eu amaria pelo resto da vida: White Plains.

Quando estávamos no Brasil e assistíamos aos filmes sobre Nova York, imaginávamos que tudo seria como nas telas de cinema, mas não foi bem assim. Fomos morar em um quarto compartilhado com outras pessoas. Foi uma experiência enorme dividir cozinha e banheiro com pessoas que eu não conhecia, mas sou muito grata por tudo e por ter encontrado pessoas tão cheias de amor que nos acolheram.

Chegamos, e agora? Qual seria o primeiro passo? Não é fácil quando você não fala o idioma do lugar, mas tive sorte de estar com amigos brasileiros. Uma semana se passou, e achei que já era hora de procurar trabalho e uma escola de inglês. Eu tinha um visto e poderia ficar nos Estados Unidos por seis meses. Aqui, há muitos lugares que contratam para meio período, o que é ótimo, pois você ainda pode estudar.

Consegui encontrar uma escola bem perto de casa. Marcos começou a procurar trabalho também e encontrou um emprego em um restaurante brasileiro. Eu o acompanhei na entrevista. O cargo oferecido era de churrasqueiro, e perguntei ao gerente se havia algo para mim. Ele disse que não, naquele momento. Então, o Marcos começou a trabalhar lá, e eu voltei para casa.

Quando cheguei em casa, o telefone tocou. Era o restaurante perguntando se eu sabia fazer pão de queijo. Na verdade, eu não sabia, mas disse que sim. Corri para ligar para minha sogra e pedi a receita. Sabia que, seguindo os passos corretamente, conseguiria fazer. E foi o que aconteceu. Fiz o teste e passei. Consegui o trabalho!

Assim, eu e Marcos começamos a trabalhar juntos nesse restaurante. Mas, logo depois, ele conseguiu um emprego melhor, e eu fiquei lá por um tempo. No entanto, não aguentei o assédio do chefe e decidi sair. Não queria passar por aquilo sem poder me defender. Quando voltava para casa, vi uma loja com a bandeira do Brasil. Decidi parar para tomar um café.

Na loja, havia uma mulher trabalhando, e conversamos um pouco antes de eu ir embora. Comecei a procurar outro emprego, mas voltei à loja brasileira, que era a única na cidade. Estava procurando algumas revistas, pois sempre gostei de ler. Quando estava saindo, pensei: "Nossa, eu adoraria trabalhar aqui. Tem café, que eu amo, e ainda tem revistas para eu ler. Que bom seria!" Fui para casa imaginando trabalhar naquele lugar, atendendo as pessoas e falando português.

No dia seguinte, fui à escola, que ficava bem perto de casa, e me matriculei. O nome da escola era Rochambeau School. Quando cheguei em casa, havia um recado para mim. Era do dono da loja brasileira, dizendo que eu deveria ir falar com ele sobre uma vaga disponível. Fui imediatamente, e ele me contratou. Era uma loja pequena que vendia de tudo um pouco: café, produtos brasileiros, e também fazia remessas de dinheiro para o Brasil – algo muito comum na época. Ele também vendia cartões telefônicos, algo que eu sempre agradeço até hoje.

Naquela época, não existia WhatsApp. Como eu queria tanto que ele existisse quando cheguei aqui, para falar com minha família! Sentia tanta falta da minha mãe, e falar com ela era tão difícil. Usar o cartão telefônico não era fácil nem barato – US$ 10 por 10 minutos, e às vezes a ligação caía. Sou imensamente grata a quem inventou o WhatsApp, que facilitou tanto a nossa vida.

Renovei minha permanência nos Estados Unidos duas vezes; e quando surgiu a oportunidade de um contrato de trabalho, aceitei na hora. Já estava há um ano aqui, e meu patrão, sem me avisar, chegou para mim e disse: "Celina, estou muito feliz com o seu desempenho e dedicação aqui na loja. Quero te oferecer um contrato de trabalho." Eu mal podia acreditar! Sabia o quanto isso era difícil, mas estava com fé.

Procurei um advogado, e ele me disse que eu não atendia aos requisitos das profissões que eles pediam. Senti um baque, mas não desisti. Fui atrás de outro advogado, uma especialista em imigração que me foi indicada em Manhattan. Quando saí de lá, estava cheia de esperança. Eu sabia que o processo seria caro, mas tinha reservas para isso.

Para todos que estão lendo este livro, saibam que sempre precisamos ter uma reserva emergencial. A advogada pegou meu caso e, em 3 anos, eu já estava com meus documentos e pude visitar minha família no Brasil. Meu patrão foi uma das pessoas responsáveis pela minha permanência aqui nos Estados Unidos, e sou muito grata a ele por ter acreditado em mim. Ter alguém que acredita em você é um combustível enorme para ajudar a chegar aos seus objetivos.

Eu amava o meu trabalho e, a partir daquela lojinha pequena, ajudei meu patrão a expandir o negócio, com mais duas lojas e uma agência de turismo.

## QUANDO FOR FAZER ALGO, TENHA SEMPRE DEDICAÇÃO E AMOR, PARA QUE TUDO PROSPERE.

Eu me tornei gerente da loja e contratamos mais três funcionários para nos ajudar. Eu cuidava de tudo. Meu patrão viajava e me deixava responsável pelas lojas, e eu fazia tudo como se fossem minhas. A loja era totalmente voltada para brasileiros, então, na época da Copa do Mundo, era muito divertido. Colocávamos um telão na rua e fechávamos a via, só para a comemoração.

Foi nessa loja que conheci a minha sócia, uma linda paraguaia, que veio tomar um bom café e acabou sendo contratada para trabalhar lá. O tempo passou rápido, e quando eu já estava há 14 anos trabalhando naquele local, veio a crise econômica de 2012. Muitos brasileiros voltaram para o Brasil, e o movimento da loja foi abalado.

• Dica: Nunca coloque todos os seus ovos em uma única cesta. O erro do meu patrão foi fazer um negócio exclusivo para brasileiros, o que levou ao fechamento das lojas.

Fiquei desesperada, não sabia o que fazer. Tentei ajudá-lo, mas foram muitas perdas. Então, acabei arrumando outro trabalho em uma deli francesa. Minha amiga, que hoje é minha sócia, voltou para o Paraguai, mas nunca paramos de nos comunicar.

Eu estava trabalhando na deli há quase um ano quando minha

amiga voltou e me procurou, dizendo que deveríamos abrir um negócio juntas. Amei a ideia, e começamos a amadurecê-la. Era época de Copa do Mundo, e ela pensou em abrir uma loja de roupas esportivas, enquanto eu queria abrir uma loja online. Mas, no fundo, nós amávamos a mesma coisa... café! E, sempre que saíamos juntas para conversar, nunca encontrávamos um bom café. Então, veio à mente: 'para tomarmos um bom café, precisamos abrir o nosso próprio coffee shop'.

Não tínhamos muito dinheiro, mas estávamos trabalhando, cada uma em seu emprego. Começamos a procurar um lugar para alugar, estudamos o mercado para ver o que seria bom abrir e observamos os concorrentes na região. Queríamos um lugar com fácil estacionamento, porque, quando se vai abrir um negócio, isso é essencial.

• Dica: Quando você for abrir um negócio, a primeira coisa que precisa fazer é elaborar um plano de negócios.

Fomos estudar em uma organização que ajuda mulheres latinas a desenvolver planos de negócios. Era em uma cidade a 20 minutos de White Plains. O nome da organização era Women's Enterprise. Elas nos ajudaram a desenvolver o nosso plano de negócios.

Começamos a procurar um local para abrir a nossa loja e encontramos um espaço no mesmo prédio onde morávamos. Era pequeno, mas tinha uma ótima localização. Passamos alguns meses tentando falar com o proprietário, até que conseguimos fechar o negócio e pegamos o local.

Escolhemos o nome da loja: Araras Coffee and More. Escolher o nome de um negócio é como escolher o nome de um filho. Precisa vir do coração.

Nossa! Já tínhamos dado o primeiro passo. O que fazer agora? Ir atrás das permissões, que não eram nada fáceis, pois o local era muito antigo e estava fechado há muito tempo. Conseguimos as permissões e começamos a reforma. Não tínhamos muito dinheiro, então trabalhamos aos poucos, até conseguir terminar a pintura das paredes e o piso.

O engraçado é que, enquanto estávamos trabalhando na reforma, todos que passavam por ali queriam conversar conosco. E assim, começamos a criar vínculo com os vizinhos. Todos estavam ansiosos pela abertura.

Criei uma página no Facebook e comecei a postar algumas fotos, assim já avisávamos que estávamos abrindo um café. Todos perguntavam o motivo do nome "Araras", e explicávamos que queríamos um nome que, ao passar, um brasileiro soubesse que a loja era brasileira, e, se fosse de outra nacionalidade, ficasse curioso e entrasse para conhecer. Queríamos clientes de todo o mundo, e não só do Brasil. E assim é até hoje: a loja é frequentada por pessoas de várias nacionalidades e todos amam o nosso café.

A loja estava pronta, toda a documentação estava em ordem, mas agora precisávamos abrir e não tínhamos nada dentro. Nem dinheiro, pois todo o investimento tinha sido usado na reforma e nas permissões. Foi aí que subimos para nossa casa e, descendo, trouxemos um forno, uma cafeteira, um bar que seria o nosso balcão e uma mesa. Abrimos a loja com pão de queijo e café. Assim foi nosso começo.

• Dica: Comece com o que você tem, não espere ter tudo para começar. A chance de dar certo começando pequeno e crescendo é maior do que começar grande.

Em dezembro de 2014, abrimos o Araras Coffee and More com uma cafeteira e um sonho. Estou chorando agora, enquanto escrevo este capítulo. Tudo veio à minha mente, e um frio no estômago tomou conta de mim. Deus cuidou de cada detalhe. Não foram dias fáceis. Eu e minha sócia tínhamos filhos pequenos e queríamos um trabalho que nos permitisse dividir os horários para cuidar de nossos filhos. Então, minha sócia trabalhava na loja de manhã, das 7:00 às 13:00, e eu à tarde, das 13:00 às 19:00. Mas no começo não foi assim. Precisávamos de dinheiro para investir, então continuamos em nossos trabalhos até as coisas se ajeitarem.

Quando a loja brasileira do meu antigo trabalho fechou, eu guardei os contatos das companhias que nos forneciam produtos, e isso foi uma bênção. Ligamos para o rapaz que nos fornecia o café, que era o melhor do mundo, e no dia seguinte ele nos trouxe uma máquina de expresso e os cafés que vinham de Minas Gerais.

Com o tempo, fomos nos organizando e trazendo novas ideias para a loja. Não tínhamos uma cozinha, então começamos a trazer salgadinhos de um restaurante que preparava tudo fresquinho, todos os dias. A loja foi ganhando cara de cafeteria, com pão de queijo, café e cappuccino. Cada cliente que entrava era uma alegria. Eu e minha sócia estávamos sempre alegres e sorridentes, felizes por termos o nosso próprio negócio.

Alguns meses se passaram, e começamos também a vender alguns produtos brasileiros. Assim, fomos crescendo aos poucos. Ainda não tínhamos salário da loja; tudo o que vendíamos ia para pagar as contas e reinvestir na loja.

Assim foi por um ano. Nada vem da noite para o dia. O processo é importante, e a cada dia enfrentávamos uma nova luta. Estávamos aprendendo com os erros, pois eles também fazem parte do crescimento.

Regra importante: Não pule o processo; ele é necessário para o crescimento.

Depois de um ano, já estávamos mais estabilizadas e contratamos nossa primeira funcionária, que está conosco até hoje. Lembro-me do dia em que conseguimos receber nosso primeiro salário, que foi exatamente 250 dólares. Nossa, foi tanta alegria!

Um dia, a mulher que fazia bolos e brigadeiros para nós chegou e disse que não faria mais. Fiquei sem saber o que fazer, mas logo perguntei: "E agora, como farei com os pedidos de brigadeiro?" Ela me disse: "Faz você, é muito fácil."

Sério? Então me ensina! E ela falou: "Coloca leite condensado, manteiga e chocolate em pó, mexe e pronto. Só deixar esfriar, enrolar e passar no granulado." Eu pensei: "Nossa, tão fácil assim? Vou tentar." Detalhe: naquela época eu nem sabia fazer gelatina. (Risos.)

Naquele mesmo dia, fiz os brigadeiros e coloquei à venda. Uma cliente comprou, e lembro bem da expressão dela ao comer o brigadeiro. Ela disse: "Este brigadeiro está horrível. Nunca comi nada tão ruim!" Eu fiquei petrificada, sem saber o que dizer. Mas pensei: "Deixa eu experimentar." Quando comi, pensei: "Uau, que brigadeiro duro e açucarado." O que fazer agora? Desistir? Não, desistir jamais.

Eu não queria parar de fazer brigadeiros. Eu gostei tanto, que parecia uma sessão de terapia para mim, de tanto que era satisfatório. Então, busquei ajuda de especialistas e fiz um curso presencial em New

Jersey. Aprendi o básico, mas não era ainda o que eu queria. Então comecei a desenvolver minhas próprias receitas e, a partir daí, todos começaram a amar nossos brigadeiros. Eu desenvolvi uma maneira de fazer brigadeiros que duravam mais e não ficavam açucarados.

O brigadeiro virou sucesso!

Foi aí que uma cliente que adorava meu brigadeiro de churros me pediu a receita. Eu pensei em fazer um vídeo ensinando para ela. O vídeo foi tão incrível que eu abri um canal no YouTube, ensinando a fazer brigadeiros, e todos amaram. Essa cliente, sem perceber, abriu uma nova porta na minha história. Eu me tornei "Celina Brigadeiro", com mais de 100 mil inscritos. Até recebi a placa Silver do YouTube. Quando recebi a placa, chorei muito, lembrando de toda a massa que eu jogava no lixo por não ter dado certo. Acho que o rapaz que pegava o lixo pensava: "Essa mulher é muito ruim na cozinha." (Risos.)

O segredo é não desistir jamais. Se eu consegui, você também consegue. Só precisa de técnica e constância. Foi assim que fiz meu primeiro curso, "O Ponto Perfeito". Meu propósito sempre foi ajudar mulheres a terem uma renda extra e a ajudarem suas famílias. São tantas histórias lindas de mulheres que superaram divórcios, solidão e até depressão fazendo minhas receitas e assistindo aos meus vídeos. Tenho alunas ao redor do mundo.

Nesta mesma época, minha sócia começou a fazer Alfajor. Um alfajor é um doce tradicional, feito com dois biscoitos unidos por um recheio, geralmente doce de leite. No caso do alfajor da minha sócia, ela ainda o confeitava com coco. Nossa, era delicioso! Minha sócia desenvolveu uma receita única, sem glúten.

Era época de Copa do Mundo, em 2016. O Brasil ia jogar, e então decoramos a loja inteira com bandeiras de todos os países que iriam jogar na Copa. A loja ficou linda. Durante esse tempo, eu fui para o Havaí com meu marido e meu filho. Fomos de férias, e meu filho queria muito surfar nas lindas ondas de Waikiki Beach (Oahu).

Na mesma semana em que eu estava viajando para o Havaí, entrou um homem na loja. Ele tinha uns 63 anos, era muito simpático, sentou junto ao balcão, pediu um café, tomou e começou a observar tudo na loja, escrevendo em seu caderno. Perguntou para minha sócia se tinha o alfajor que ele tanto tinha ouvido falar, mas naquele dia o alfajor já tinha sido vendido todo. Então, ele voltou e experimentou, amou o café e tudo o que provou.

No final da semana, ele ligou para a loja e disse: "Sou jornalista do New York Times, fui ao Araras e amei. Quero fazer uma entrevista com vocês." Minha sócia quase desmaiou de tanta emoção, e imediatamente me ligou, e eu desmaiei também! (Risos.)

Mas havia um problema: ele precisava fazer a entrevista naquela semana, e eu estava a 12 horas de distância. Então, ele foi à loja, tirou algumas fotos e fez a entrevista com minha sócia. Ela queria que eu também participasse desse momento, então o jornalista do New York Times me ligou, no Haváí, e a entrevista foi um sucesso. Fomos capa do New York Times. Sabe o que isso significa para nós? Um milagre divino. Leia o jornal para ver a reportagem completa.

Após essa entrevista, nossa loja ficou muito mais conhecida por nosso café e sobremesas. Quando saímos no New York Times, outros jornais e revistas começaram a nos procurar. Fomos também destaque no New York News e na Folha de São Paulo, no Brasil. Deus sempre nos presenteando com surpresas maravilhosas.

Enquanto isso, continuamos trabalhando com muito amor e dedicação. Eu e minha sócia sempre tivemos em mente nosso propósito: queríamos que nossos filhos tivessem orgulho de nós. Meu filho estava na High School, e um dia ele foi assistir a um jogo importante do time da escola, os Tigers. Ele estava lá, assistindo ao time jogar, quando olhou para o lado e viu várias pessoas tomando café. Quando percebeu, viu que o café tinha o logo do Araras. Ele ficou tão feliz e orgulhoso, que me ligou dizendo: "Mamãe, o café está famoso! Todo mundo aqui está com o copo do Araras!" Eu não pude conter minha alegria.

Esses são os momentos que fazem tudo valer a pena. Trabalhamos muito em nossa loja, mas sem esforço não estaríamos onde estamos agora. Eu e minha sócia estamos sempre pensando em renovar, criando novos produtos para a loja e trazendo mais clientes. Contratamos mais pessoas para nos ajudar, e a loja foi ficando pequena para tudo o que colocávamos dentro dela. Colocamos um caixa eletrônico (ATM) para facilitar o pagamento dos clientes e começamos a fazer transferências de dinheiro para outros países. Assim, trouxemos pessoas de diferentes países para a loja, que, ao fazerem remessas, acabavam conhecendo e comprando em nossa loja.

Eu comecei a me destacar no marketing da loja e sempre cuidei da parte criativa. Sempre amei essa parte de falar e fazer vídeos. Em 2019, ganhamos o prêmio de Melhor Café de Westchester e saímos em uma revista muito importante da nossa cidade, a Best of Westchester. Foi mais um presente de Deus! Eu sempre amei essa revista, e quando eles ligaram, nossa, foi uma sensação incrível.

As pessoas não entendiam por que uma loja tão pequena era tão popular, mas o que elas não sabiam é que, por trás desse sucesso, havia muita luta e dedicação em cada detalhe. Muitas lágrimas derramadas de cansaço. Cuidar de uma loja e garantir seu sucesso envolve várias estratégias. O atendimento pode diferenciar sua loja da concorrência. Treine sua equipe para ser cordial, prestativa e eficiente. Por trás de todo sucesso, há muito trabalho e dedicação.

E quando estávamos no auge do sucesso, aconteceu o que ninguém esperava: veio a pandemia. Isso mexeu com o emocional de todos. Muitos estabelecimentos fecharam, e não foi fácil ver nossos clientes em casa, em quarentena. Tivemos que criar estratégias para continuar trabalhando e não fechar a loja. Colocamos acrílico nos balcões para evitar o contato com os clientes, disponibilizamos álcool gel o tempo inteiro, e usamos luvas e máscaras para nos proteger e proteger nossos clientes.

Durante esse período, ajudamos e fomos ajudados. Deus sempre nos ajudando a passar por essa fase com saúde. Trabalhamos duro, entregando alimentos para pessoas que não podiam sair de casa, e ajudamos com cafés e alimentos para hospitais locais. Também fizemos parte de grupos de apoio emocional para aqueles que perderam familiares devido ao vírus.

Foi uma época triste e difícil, ver pessoas que amávamos sofrendo com o vírus, sem poder fazer nada, já que na época ainda não havia vacina. Perdemos muitos amigos e clientes. Estávamos com muito medo, mas seguimos firmes, pois sabíamos que era necessário, por isso nunca fechamos a loja.

Meu marido fez as entregas de alimentos e nos ajudou muito nesse período tão desafiador. Alguns clientes deixaram pagos seus cafés e alimentos, antecipadamente, para nos ajudar a pagar as contas. Nós nos mantivemos fortes pela força que só vem do nosso Salvador, Jesus Cristo. Só no final, quando a pandemia estava diminuindo, é que pegamos o vírus, mas, graças a Deus, ele já estava mais fraco e ninguém precisou ir ao hospital.

Nos momentos desafiadores, muitas vezes somos levados a buscar alternativas e soluções criativas que não consideraríamos em situações mais confortáveis. Essas dificuldades nos forçam a pensar fora da caixa, inovar e adaptar nossas abordagens. Elas também revelam forças internas que nem sabíamos que tínhamos, fortalecendo nossa resiliência e capacidade de enfrentar adversidades.

Foi nessa época que surgiu a oportunidade de ampliar a loja, pois o espaço ao lado estava desocupado. Tivemos dúvidas se deveríamos expandir, pois todos diziam que não era um bom momento, já que muitos negócios estavam fechando. Mas decidimos arriscar e pegamos o espaço ao lado, fazendo um café lindo e acolhedor. A pandemia passou, graças a Deus. E sempre digo: faça boas escolhas. Nós escolhemos não parar e continuar a lutar com as armas que tínhamos.

Um dia, uma cliente nos convidou para um encontro de mulheres na casa dela. Minha sócia não quis ir, pois era um pouco distante, mas eu senti no coração que deveria ir. Peguei um táxi e lá fui eu. Chegando lá, conheci várias mulheres, e uma delas foi especialmente atenciosa comigo. Através dela, conheci outra mulher maravilhosa, que me indicou para ser apresentadora de uma emissora de televisão voltada para mulheres. Foi uma experiência incrível! Conectar-se com outras pessoas realmente nos faz ir mais longe.

Foi assim que essa conexão me levou a participar do seriado Cidade Delas. Tive o privilégio de fazer parte da história de várias mulheres que fazem a diferença no mundo. Foram experiências enriquecedoras que levarei para toda a minha vida.

A conexão é, sem dúvida, uma experiência fascinante, como uma corrente mágica e invisível que nos une. A habilidade de nos conectarmos com outras pessoas cria vínculos profundos e significativos, que enriquecem nossas vidas de maneiras inestimáveis. Essas conexões promovem a troca de conhecimentos, sentimentos e perspectivas, permitindo que possamos crescer juntos.

Estou muito feliz por estar compartilhando um pouco da minha história com vocês. Agradeço pelo seu tempo e espero que minha jornada possa inspirá-los também. Gratidão.

Nunca desista dos seus sonhos.

Vou deixar um versículo especial para você:

> "Não temas, porque eu estou contigo; não te assombres, porque eu sou o teu Deus; eu te fortaleço, e te ajudo, e te sustento com a destra da minha justiça." (Isaías 41:10).

# DÉBORA SILVA

Empresária, Mentora e Palestrante
Site: www.deborasilvamentora.com
Insta: @debora_rochasilva

Débora Cristina Silva é empresária, mentora, palestrante e treinadora de mulheres. Com 18 anos de experiência na área da beleza, hoje capacita mulheres a destravarem seu potencial, criarem seus próprios métodos e expandirem sua vida e negócios com propósito. Formada em Cosmetologia, Coaching e mentoria Empresarial e Desenvolvimento Pessoal e Espiritual, ensina mulheres a crescerem de dentro para fora, alinhando identidade, fé e liderança.

Casada com Denes Silva, seu parceiro de vida e negócios, é mãe de Noah e Lucca. Juntos, empreendem nos Estados Unidos, onde vivem há 24 anos, liderando empresas e impactando vidas através de conexões, inteligência emocional e princípios do Reino.

# O PODER DAS CONEXÕES: ELAS PODEM TRAVAR OU DESTRAVAR DESTINOS

As conexões que fazemos podem ser a chave que destrava oportunidades incríveis ou os cadeados que nos aprisionam no lugar errado. Durante muito tempo, eu não entendia esse poder. Acreditava que precisava pagar para estar em mesas importantes, investir financeiramente para me conectar com pessoas influentes. Até que aprendi que as conexões que verdadeiramente transformam destinos não se compram, elas se constroem. São alinhadas com propósito, valores e caráter.

Sou Débora Cristina Silva, casada com o amor da minha vida, Denes Silva, mãe do meu primogênito, Noah, e do nosso milagre, Lucca, que carrego no ventre. Moro nos Estados Unidos há 24 anos, onde eu e meu esposo somos empresários. Ao longo do tempo, aprendemos que crescer juntos é muito mais poderoso do que caminhar sozinhos.

Nossa missão vai além dos negócios: ministramos para homens, mulheres e famílias sobre como Deus pode curar, restaurar e transformar vidas de dentro para fora, trazendo prosperidade em todas as áreas. Sou mentora, psicanalista, escritora e missionária, chamada para ativar e despertar vidas através da Palavra de Deus.

Minha trajetória não foi fácil. Como imigrante, enfrentei desafios, dores e um intenso processo de lapidação, mas Deus usou cada fase para gerar cura e propósito. Hoje, minha missão é conectar pessoas, treinar líderes e capacitá-los para se tornarem inabaláveis, destravando seus destinos e vivendo uma vida próspera em Deus.

# SEUS TÍTULOS, TALENTOS E HABILIDADES PODEM ATÉ ABRIR PORTAS, MAS O QUE TE FAZ PERMANECER É O SEU CARÁTER.

Querida leitora, que honra estar aqui com essas mulheres de sucesso e poder compartilhar algo que marcou tanto a minha jornada! Se tem algo que aprendi ao longo da vida, é que ninguém cresce sozinho. As conexões que nos cercam são como sementes lançadas no solo da nossa vida. Algumas germinam e nos fazem crescer, outras sufocam nosso desenvolvimento. Por isso, precisamos escolher, com sabedoria, quem permitimos que caminhe ao nosso lado. O seu destino pode ser acelerado ou travado pelas conexões que você decide nutrir.

Para mim, conexão vai muito além de um simples encontro ou troca de contatos. Hoje, o mundo exalta o poder do networking, a busca por estar nos lugares certos, com as pessoas certas. Mas, por muito tempo, eu acreditei que conexão significava pagar para estar em determinadas mesas, investir para ter acesso a pessoas influentes. Deus, porém, me ensinou que a verdadeira conexão não se compra, se constrói.

Conectar-se é carregar algo de valor dentro de si, seus princípios, identidade e essência e, naturalmente, atrair as pessoas certas. É reconhecer o que há de precioso nos outros e permitir que essa troca edifique sua vida, sua jornada e seus projetos. Nem toda conexão é para mim, e discernir isso é essencial. Há ambientes que não refletem os valores que carrego, e estar neles pode custar minha essência. No fim, o que nos sustenta não são as conexões oportunas, mas as conexões alinhadas com propósito. Deus é quem conecta pessoas, e a verdadeira conexão acontece quando caráter e valores se encontram.

Desde pequena, minha realização era ver pessoas crescendo ao meu redor. Sempre tive um desejo genuíno de ajudar, contribuir e impulsionar outros a avançarem. Mas havia algo por trás disso, algo que vocês vão descobrir ao longo deste capítulo. Também perdi oportunidades de ser um canal de bênçãos e destravar destinos por falta de conhecimento.

Com o tempo, entendi que as conexões certas podem mudar tudo. Algumas abriram portas e aceleraram minha jornada – e hoje colho frutos dessas relações. Mas também vivi o outro lado: conexões que fecharam portas, pessoas que desacreditaram de mim, que não souberam lidar com as diferenças e simplesmente se afastaram. Outras ainda tentaram limitar aquilo que Deus queria fazer na minha vida.

Foi então que compreendi algo essencial: as conexões não são apenas sobre dar; são sobre dar e receber. Dar e receber de forma equilibrada é o que sustenta relacionamentos e oportunidades. Elas exigem sabedoria para discernir quem caminha ao nosso lado e como essas conexões moldam o nosso destino.

Agora, eu te pergunto: as conexões ao seu redor estão destravando ou travando o seu destino? Elas te aproximam do seu propósito ou te afastam dele?

Neste capítulo, quero levar você a refletir sobre o poder das conexões certas, aquelas que aceleram sua caminhada, destravam oportunidades e fortalecem sua missão. Quero inspirar você a ser intencional em tudo que fizer, transbordando e sendo ponte para as pessoas. Porque viver conectada com propósito é viver a verdadeira prosperidade.

Uma conexão certa pode transformar completamente a sua vida.

## RAÍZES DA MINHA JORNADA

Tudo o que vivemos na fase adulta começou na infância e adolescência. Cada escolha, cada reação, cada padrão repetitivo tem raízes profundas no que experienciamos ao longo dos anos. Carregamos conosco memórias, traumas, aprendizados, impactos que moldam nossas conexões, relacionamentos, carreira e, principalmente, a forma como nos enxergamos. Mas a boa notícia é que podemos reescrever nossa história, alinhar o que precisa ser transformado e romper ciclos que limitam nosso crescimento.

Minha história começou em um contexto desafiador. Filha única de pais muito jovens, cresci ouvindo que precisava ser generosa, sempre ajudar os outros e nunca ser egoísta. Desde cedo, fui ensinada que meu valor estava no que eu fazia pelos outros, e essa crença moldou grande parte da minha vida.

Além disso, desde pequena, fui uma menina hiperativa, com TDAH, e isso trouxe inúmeros desafios. Eu não entendia por que minha mente parecia sempre acelerada, por que era difícil para mim focar em uma coisa por muito tempo ou lidar com situações em que precisava esperar. Os médicos não sabiam exatamente o que eu tinha, e minha infância foi marcada por confusão, baixa autoestima e uma busca incessante por aceitação.

Eu sempre tive uma liderança natural e um temperamento forte, mas, ao mesmo tempo, carregava uma insegurança gigantesca. Para ser aceita, sentia que precisava fazer mais, me esforçar mais, ser boa o suficiente para que as pessoas gostassem de mim. E, sem perceber, entrei em ciclos repetitivos, de se doar sem limites e não receber nada em troca, de dar tudo e ser descartada, de influenciar sem reconhecimento.

A grande verdade é que atraímos aquilo que carregamos dentro de nós. A Bíblia nos ensina que somos o que pensamos, e nossos pensamentos moldam nossa identidade e realidade.

Por muito tempo, minhas crenças me levaram a acreditar que eu só seria valorizada se estivesse sempre servindo e ajudando os outros. Eu sentia que, se não estivesse sempre disponível, sendo útil, solucionando problemas, não seria amada ou valorizada. E essa necessidade inconsciente afetou todas as áreas da minha vida — minhas amizades, meus relacionamentos amorosos e minha jornada profissional.

Eu me doava completamente, mas sempre sentia um vazio. Olhando para trás, percebo que muitas das conexões que construí foram moldadas por essa necessidade de aceitação. Eu atraía pessoas que, de alguma forma, reforçavam essa crença errada dentro de mim.

Até que entendi: as conexões certas não sugam, elas edificam.

E essa transformação começa quando decidimos olhar para dentro e resolver as pendências do passado, pois são elas que travam os nossos resultados no presente e limitam nosso futuro. Enquanto não curamos aquilo que nos feriu, continuamos revivendo os mesmos ciclos, nos cercando das mesmas pessoas e repetindo padrões que nos impedem de avançar.

O verdadeiro crescimento começa quando temos coragem de encarar nossas raízes, entender como elas moldaram quem somos e, então, escolher conscientemente quem queremos nos tornar.

## O IMPACTO DAS CONEXÕES E DA INFLUÊNCIA NA MINHA VIDA

As conexões que cultivamos podem acelerar ou atrasar nosso destino. Algumas são como pontes que nos levam além, outras como correntes que nos mantêm presas. O ambiente em que estamos inseridas molda nossa mentalidade, e nossa mentalidade define as conexões que atraímos. Se você se conecta com quem pensa pequeno, sua visão será limitada. Mas se você se aproxima de pessoas que expandem, você cresce junto.

A questão é: quais conexões têm moldado sua vida? Elas te empurram para frente ou te mantêm no mesmo lugar?

Desde a adolescência, fui aquela pessoa que conectava amigos, apresentava pessoas, ajudava alguém, sempre potencializava os outros ao meu redor. Isso sempre esteve em mim. Mas, ao longo do tempo, percebi que não basta ter um talento ou uma habilidade se a motivação por trás disso estiver desalinhada.

Passei anos me perguntando: por que ajudo tanto e, no final, sou descartada? Por que tantas conexões que pareciam promissoras não se sustentavam? Até que entendi: o problema estava dentro de mim. Eu fazia tudo esperando algo em troca, mesmo que inconscientemente. Esperava reconhecimento, reciprocidade, aceitação.

Isso afetou todas as áreas da minha vida. No meio profissional, comecei a investir cedo, a construir meu futuro. Meu perfil era ousado, corajoso, determinado, mas, apesar do sucesso material, eu não sabia gerenciar minhas emoções, e isso trazia um peso de culpa enorme.

Aos 13 anos, já trabalhava. Cozinhava na casa de pessoas com minha mãe. Aos 16, comprei meu primeiro carro e, depois da escola, fazia faxina. Sempre fui muito visionária e boa no fazer, mas havia um buraco dentro de mim. Nada era suficiente. Minha identidade não estava no meu valor, mas sim no que eu sabia fazer.

E aqui está um ponto crucial: nós atraímos conexões baseadas na forma como nos vemos. Se nos enxergamos pequenas, nos conectamos com quem nos mantém pequenas. Se acreditamos que não merecemos mais, nos cercamos de pessoas que reforçam essa limitação.

Eu tinha uma necessidade imensa de ajudar e nunca dizia "não". Eu ensinava minhas amigas a ganhar dinheiro, a crescer, a se realizar. Mas, no fundo, eu não entendia que conexões saudáveis são uma via de mão dupla. Dar sem receber me levou ao esgotamento, porque minha identidade estava depositada no quanto eu era útil para os outros.

Aos 18, comecei a investir e adquiri meu primeiro imóvel. Mesmo sendo imigrante e sem documentos, consegui me formar em cosmetologia e estética avançada. Meus pais não mediram esforços para me ajudar a pagar os estudos, e essa conquista foi um marco na minha história.

Mas você já parou para pensar que uma única conexão pode mudar completamente o rumo da sua vida?

Eu nunca imaginei que, sem documentos e com dificuldades no aprendizado, conseguiria tão rápido uma formação técnica e minha licença profissional. Meu sonho sempre foi ser médica dermatologista, mas uma amiga, com uma simples conversa, destravou algo dentro de mim.

"Débora, estou estudando para ser hairstylist, e mesmo sem documento é possível ter uma profissão."

Essas palavras despertaram uma nova possibilidade. Pela primeira vez, enxerguei um caminho que fazia sentido para mim. Lembrei da Débora menina, que amava brincar de maquiagem e cabelo.

Decidi mudar de rota. Deixei a faxina e me lancei na área da beleza. Mas eu não queria qualquer coisa, eu queria excelência. Sonhei alto: queria trabalhar em um salão renomado, ser treinada pelos melhores da Kérastase, aprender com os mestres da coloração.

Mesmo sem green card, bati em várias portas e recebi muitos "nãos". Mas eu estava disposta a pagar o preço.

E aqui vem um segredo poderoso sobre conexões: Nem sempre uma conexão certa é uma oportunidade pronta. Às vezes, ela vem como um desafio, um teste, um caminho estreito que exige esforço. Quando decidi me especializar, sabia que precisava aprender com os melhores. Finalmente, uma oportunidade se abriu, e fui enviada para Nova York para me especializar em coloração com as grandes marcas do mercado: Wella, Matrix, Redken e L'Oréal. Os treinamentos eram intensos, exigiam investimento, disciplina e resiliência. Mas eu sabia que não estava apenas aprendendo uma técnica — eu estava construindo o futuro que Deus tinha para mim.

No tempo certo, construí meu próprio caminho. Comecei meu propósito de negócio, treinei e mentorei muitas mulheres que, depois, abriram seus próprios espaços de beleza. Mas o mais incrível foi perceber que uma única conexão certa destravou um novo nível na minha carreira. Uma única conexão certa pode mudar tudo, mas você precisa estar pronta para reconhecer essas oportunidades.

Quem tem moldado seu destino? Você tem discernido as conexões que estão construindo futuro?

## O DESERTO QUE ME TRANSFORMOU

O lugar onde você mais foi ferida e superou é exatamente onde Deus irá te usar para transformar vidas. É ali que nasce o seu verdadeiro propósito.

Foi no momento de maior dor, quando eu achava que não havia mais esperança, que Deus me mostrou o verdadeiro propósito das conexões. Ele não queria apenas me restaurar, mas me ensinar a ser um canal de restauração para outras vidas.

Meu escape sempre foi o fazer. Aprender, desenvolver, criar, inovar, ganhar dinheiro e ser reconhecida como a melhor no que eu fazia. Eu acreditava que, se me tornasse excelente, se fosse indispensável, ninguém poderia me rejeitar. Se eu tivesse sucesso, ninguém me deixaria para trás. Mas meu foco estava no fazer e não no ser. Eu vivia para provar algo, para conquistar reconhecimento, para me sentir aceita. No fundo, eu não entendia que o verdadeiro valor de uma pessoa não está no que ela faz, mas em quem ela é.

Casei muito nova, tinha apenas 19 anos. Dois jovens imaturos, carregando feridas invisíveis, acreditando que o amor e a fé seriam suficientes para sustentar um casamento. Éramos líderes na igreja, servíamos juntos, tínhamos influência, mas não tínhamos estrutura. O que parecia ser um passo de fé, no fundo, foi um impulso. Dois corações quebrados tentando construir uma aliança sem primeiro terem sido restaurados.

E quando duas pessoas feridas se unem sem antes serem curadas, o resultado não pode ser outro: dor, desencontro, frustrações. Demos mais atenção ao que estava fora do lar e negligenciamos o que realmente importava. Vivíamos para os ministérios, compromissos, estudos e trabalhos. Eu? Completamente desligada do casamento, focada no fazer e não no ser. A consequência veio. A traição no primeiro ano de casamento foi apenas o reflexo de uma relação que já estava doente.

Ali nasceu uma Débora mais dura. Eu não sabia lidar com rejeição, então construí uma armadura. Passei a me proteger de tudo e de todos. Quem me feriu não me veria mais vulnerável. Aprendi a me defender atacando primeiro. O problema é que, ao criar essa barreira, eu também me afastava do amor, da cura e da restauração. Meu escape continuava sendo o trabalho, os negócios, os projetos. Eu queria provar para mim mesma que não precisava de ninguém. Eu queria me provar para o mundo.

Mas Deus não nos chamou para viver na defensiva, Ele nos chamou para sermos restaurados. Foi então que Ele enviou uma conexão. Uma amiga do céu, literalmente, porque ela foi uma resposta de Deus para minha vida. Ela saiu de Massachusetts e me levou para sua casa. Não para me julgar. Não para me apontar o dedo. Mas para me dar a mão. Para orar comigo. Para me apoiar. Para cuidar de mim quando muitos me desprezaram.

E ali aprendi que, na vida, algumas pessoas vão ficar, outras vão embora. Mas Deus sempre envia aqueles que são parte da nossa jornada. Uma conexão pode ser a ponte entre a sua pior dor e a sua maior vitória. Uma conexão pode te levantar quando você não consegue se levantar sozinha. Mas naquela fase da minha vida, eu ainda não tinha essa clareza. Meu emocional desmoronou. Meu corpo adoeceu. Minha alma sangrava. Entrei em uma depressão profunda que muitos não viam, porque eu não permitia que ninguém tivesse acesso à minha vulnerabilidade. Passei por doenças psicossomáticas severas. Meu corpo começou a refletir o caos que estava dentro de mim.

E como se não bastasse, minha dor não foi apenas privada, ela se tornou pública. O casamento que desmoronou tornou-se um escândalo. Dentro da igreja. Entre amigos. No ministério que eu liderava. Pessoas que antes me admiravam agora me julgavam. A vergonha foi pública. A humilhação foi pública. A dor também. Porque quando a raiz está doente, os frutos também adoecem.

Decidi me separar, mas a separação não levou embora as sequelas. Eu perdi muito. Não apenas materialmente, mas emocionalmente. Fiquei com sentimentos de culpa, rejeição, não merecimento. Minha saúde refletiu minha dor. Tive alopecia severa, perdendo tanto cabelo que quase fiquei careca. Tive problemas no estômago, intestino desregulado, insônia.

Mas Deus... Ele transforma desertos em pontes para um novo destino. Deus usa nosso pior deserto para ser a virada de chave da nossa transformação e conversão. As piores fases da nossa vida têm o poder de nos tirar da zona de conforto e nos levar ao encontro da nossa verdadeira essência. E Deus usou pessoas improváveis para me levantar. Assim como eu, inúmeras vezes, fui usada para ser mão amiga de apoio para outras pessoas.

Clientes do salão deixavam comida na minha porta. Pessoas que mal me conheciam se tornaram instrumentos de Deus para me socorrer. E foi aí que eu entendi um dos maiores segredos da vida: as conexões certas podem nos levantar quando não conseguimos nos levantar sozinhas.

Quantas pessoas como eu sabem investir, empreender e crescer financeiramente, mas não sabem cuidar das próprias emoções? Quantas constroem negócios incríveis, mas não sabem construir relacionamentos saudáveis? Quantas se cercam de pessoas influentes, mas continuam se sentindo sozinhas e vazias?

Eu tinha duas opções: ficar na dor e sobreviver ou me levantar e buscar transformação. Por muito tempo, minha mentalidade foi individualista. Eu acreditava que precisava ser forte sozinha, que deveria provar meu valor sem depender de ninguém. Mas essa crença era uma armadilha. Deus nos criou para vivermos em comunidade, para crescermos juntos.

As conexões que construímos têm o poder de acelerar ou atrasar o nosso destino. E foi quando comecei a me abrir para isso que minha vida começou a mudar. Meu processo de cura não foi imediato. Foram anos de reconstrução, de olhar para dentro e enxergar as raízes do meu sofrimento.

Percebi que não bastava apenas perdoar meu passado, eu precisava curar as crenças erradas que carregava sobre mim mesma. Eu precisava me libertar da ideia de que só teria valor se estivesse sempre entregando algo para os outros. Precisava entender que não era o meu desempenho que me tornava digna de amor e respeito.

Foi nesse caminho que conheci Denes. Não foi um encontro romântico de contos de fadas, foi um encontro de propósitos. Dois corações que estavam se reconstruindo e decidiram caminhar juntos, aprendendo a se apoiar, a se curar, a crescer. Fizemos juntos diversos treinamentos de alto impacto, aprendemos a importância do desenvolvimento pessoal, da inteligência emocional, do equilíbrio entre ser e fazer.

E, acima de tudo, aprendemos a importância das conexões intencionais. Cada uma dessas conexões foi essencial para me levar ao próximo nível.

Deus usou meu deserto para me preparar para um novo tempo. Ele me fez entender que o propósito não nasce no conforto, mas no fogo da transformação.

Onde fui mais ferida, ali Ele gerou um testemunho. Onde fui rejeitada, Ele me fez um canal de restauração. Onde chorei, Ele me capacitou para enxugar lágrimas.

E talvez, minha querida leitora, Deus esteja chamando você para olhar para sua dor com outros olhos. Talvez aquilo que mais machucou seja exatamente o que Ele quer usar para elevar você.

Está disposta a permitir que Deus transforme sua história? Porque, no final, não é sobre onde já esteve, mas sobre para onde Ele está levando você.

# O PODER DAS CONEXÕES: A CHAVE PARA UM DESTINO TRANSFORMADO

A mudança na vida de alguém pode ser o impulso que desperta a sua própria transformação; uma conexão certa tem o poder de abrir caminhos.

Uma amiga compartilhou um testemunho sobre um evento com Tony Robbins, dizendo que aquilo foi um divisor de águas na vida dela. Algo dentro de mim despertou. Eu precisava mudar minha história. Tudo o que não se resolve, se repete. Já estava começando a reviver ciclos de dores no relacionamento com Denes, porque ainda havia feridas não resolvidas dentro de mim. A conta um dia chega.

Foi então que decidi me mover. Entendi que transformação não acontece por acaso, ela exige decisão, coragem e ação. Procurei desenvolver minha mente, minha identidade, meu autoconhecimento. Nesse processo, Denes e eu iniciamos uma jornada intensa de reconstrução.

E aqui surge uma pergunta essencial: Quais testemunhos você tem escutado? Você tem compartilhado sua transformação com as pessoas?

Uma simples conversa pode ser um ponto de virada. Uma amiga, radiante com suas próprias mudanças, influenciou meu caminho. Pessoas conectam destinos.

Hoje, carrego um compromisso: não passar despercebida na vida de ninguém. Meu chamado é ser um canal de luz e transformação. O Perdão é a chave para portas se abrirem. No treinamento, fui desafiada a encarar algo que evitava há anos: o perdão.

Escrevi três cartas: uma para mim mesma, outra para o meu ex-marido e a terceira para a pessoa com quem ele me traiu, que antes era minha amiga. Foi um processo profundo. A princípio, relutei. Mas conforme as palavras fluíam, algo dentro de mim se quebrava. O perdão não muda o passado, mas destrava o futuro. Ele me libertou. A partir desse momento, um ciclo foi rompido. Minha saúde começou a ser restaurada. Meus passos ganharam leveza. O que estava travado começou a fluir.

## A CARTA QUE PROFETIZOU UM NOVO TEMPO

Dentro do treinamento, fomos levados a um novo desafio: escrever uma carta de sonhos, uma visão de futuro. Essa carta seria entregue um ano depois. Com fé e determinação, escrevi sobre tudo que Deus havia colocado no meu coração.

Um ano depois, ela chegou ao meu endereço. E para minha surpresa, tudo o que escrevi havia se realizado. Isso não aconteceu por acaso. Foi resultado da decisão, da oração e da ação. Receber aquela carta foi a confirmação de que quando alinhamos nossa vida com o propósito certo, o céu se move a nosso favor.

Denes e eu estávamos nos preparando para o casamento. Juntos, enfrentamos grandes desafios, mas vivíamos um processo de lapidação.

Nossa casa própria chegou. O que foi perdido no divórcio, Deus restituiu sete vezes mais. Uma casa maior, melhor localizada, mais bonita, na melhor região da nossa cidade, perto da faculdade.

Minha legalização nos EUA aconteceu em apenas três meses.

Projetos começaram a tomar forma. O investimento em real estate se tornou uma realidade. Nossos negócios prosperaram. Quando alinhamos o nosso interior, as promessas começam a se cumprir.

## SEJA CANAL DE CONEXÃO; VOCÊ CARREGA ALGO PRECIOSO

Minha querida, pare um instante e reflita: quantas riquezas Deus depositou dentro de você? Quantos sonhos, quantos dons, quantas palavras carregadas de vida e transformação?

Nós, mulheres, temos um dom divino: o poder de gerar. Geramos filhos, sonhos, ideias, projetos, ambientes de amor e cura. Onde passamos, temos a capacidade de multiplicar, edificar e transformar realidades. Desde o princípio, Deus nos desenhou assim — como facilitadoras do crescimento, como nutridoras de propósitos, como fontes de vida.

E justamente por isso, somos tão atacadas. O inimigo conhece o impacto que uma mulher alinhada ao seu propósito pode causar. Ele sabe que uma mulher curada, segura e consciente do que carrega se torna um instrumento poderoso nas mãos de Deus. Por isso, tenta distorcer nossa identidade, nos silenciar, nos convencer de que não somos capazes, que nossos sonhos são grandes demais, que nossa voz não tem valor.

Mas, hoje, eu quero te lembrar de uma verdade inegociável:

Você nasceu para influenciar.

Não importa o que você tenha vivido, não importam as dores do seu passado. Há um dom dentro de você que pode transformar a vida de alguém. Você carrega um impacto que vai além do que imagina.

Já percebeu como tudo que uma mulher toca tem o potencial de crescer e frutificar?

• Uma mulher que recebe uma casa, transforma-a em um lar.

• Uma mulher que recebe amor, multiplica e fortalece sua família.

• Uma mulher que recebe uma visão, gera projetos, negócios e oportunidades.

Deus nos criou para frutificar e, quando entendemos isso, paramos de desperdiçar as sementes que Ele colocou em nossas mãos. Porque o que Deus colocou dentro de você não é para ser retido, mas compartilhado.

Passamos a viver com intencionalidade, a usar nossa influência para edificar e não destruir, para construir e não competir, para levantar outras mulheres ao invés de nos compararmos com elas.

Mas há algo essencial que precisa caminhar junto com a sua influência: a honra.

## A HONRA É A CHAVE QUE ABRE PORTAS

Aprendi que honrar pessoas não é uma escolha, é um princípio. Deus nos ensina que a honra abre portas que o talento, sozinho, jamais abriria. Mas a verdadeira honra não se baseia no que alguém possui ou na posição que ocupa; ela se fundamenta no reconhecimento do valor de quem a pessoa é.

Não honre apenas os famosos, os grandes, os influentes. Honre as pessoas que foram pontes na sua vida. Honrar significa reconhecer o valor das pessoas que Deus colocou ao nosso lado. Honra não é bajulação, não é interesse, não é conveniência. Honra é um princípio.

Muitas pessoas perdem oportunidades porque desprezam conexões que pareciam pequenas. Mas ninguém chega ao topo sem ter aprendido a valorizar cada pessoa que fez parte da jornada.

Honrar é demonstrar gratidão, é reconhecer a mão de Deus nos mínimos detalhes. É saber que ninguém cresce sem ajuda e que cada pessoa enviada por Deus tem um propósito na nossa vida. Honrar é valorizar não apenas quando é conveniente, mas quando é um princípio dentro do nosso coração. E portas que pareciam trancadas podem se abrir quando escolhemos caminhar nesse princípio.

# FINALIZANDO COM CHAVE DE OURO: O PODER DAS CONEXÕES NA MINHA NOVA JORNADA

Toda transição carrega em si uma oportunidade para recomeços. Quando nos mudamos para a Flórida, eu sabia que Deus estava nos conduzindo para um novo tempo, e com isso viriam mudanças profundas em todas as áreas: mentalidade, relacionamentos e propósito.

Os últimos três anos foram uma virada de chave, um processo intenso de crescimento acelerado que redefiniu minha visão e me ensinou o verdadeiro poder das conexões. Aprendi a diferenciar conexões estratégicas de conexões temporárias. Algumas me mostraram exatamente o que eu não queria mais para minha vida, pois não estavam alinhadas ao meu propósito. Outras, no entanto, se tornaram verdadeiros pilares, conexões divinas que fortaleceram minha caminhada e abriram portas que eu jamais poderia imaginar.

Toda mudança geográfica traz consigo uma oportunidade de crescimento. Quando estamos dispostos a sair da zona de conforto e dar novos passos, Deus acelera processos. Toda transição gera crescimento, se estivermos abertos para isso.

Lembre-se: os desafios que você enfrenta hoje não vieram para te parar, mas para te impulsionar ao próximo nível.

Deus sempre coloca as conexões certas para cada estação da nossa vida, e foi exatamente isso que aconteceu comigo.

Foi nesse processo que conheci mulheres incríveis, como minha amiga Nytheska Alves, que me ajudou a aprofundar minha vida espiritual como nunca antes. Saí da superfície e mergulhei em um tempo de revelação e intimidade com Deus.

Chegaram conexões que aceleraram meu propósito, meu chamado, meus negócios, me ajudaram no processo de cura e lapidação; hoje sei que a verdadeira plenitude só se encontra na presença d'Ele. Deus, quando quer acelerar você, vai enviar pessoas específicas. Fique atenta!

E algo poderoso aconteceu: as conexões que chegaram até mim passaram a refletir exatamente o que eu carregava dentro de mim. Hoje, me conecto com mulheres e pessoas incríveis de vários países. Pessoas que carregam propósito, visão, que entendem que sozinhas podemos até ir rápido, mas, com as conexões certas, vamos muito mais longe.

Essa transformação não apenas renovou minha mente, mas reestruturou minhas prioridades. Minha visão se expandiu, e minha família começou a viver com mais clareza, leveza e intencionalidade.

Antes, tudo estava desalinhado. Eu priorizava o trabalho, o servir, as obrigações, enquanto minha família e meu autocuidado ficavam para depois. Mas Deus me ensinou que a verdadeira prosperidade começa na ordem certa:

• Deus acima de tudo.
• Família como prioridade.
• Autocuidado sem culpa.
• Trabalho e negócios com propósito.
• Serviço na igreja com intencionalidade.

Desde então, temos servido ao Senhor com mais plenitude e, como consequência, experimentado um crescimento extraordinário em todas as áreas.

Novos negócios surgiram, novas alianças foram formadas, amizades verdadeiras floresceram. Como mentora, ajudei inúmeras mulheres a destravarem seus próprios negócios, criando seus métodos, cursos e workshops. E mais do que isso, comecei um novo propósito: imersões, conferências, treinamentos. Porque toda a minha jornada foi um processo de lapidação, e cada lapidação extrai o brilho do verdadeiro diamante.

E sempre lembre: onde você foi curada, restaurada e superou, ali nasce seu verdadeiro propósito.

## NOS ENCONTRAMOS NA JORNADA

Deus tem me levado às nações para ativar e despertar mulheres, famílias e empresárias a viverem seus propósitos com intensidade. Minha missão vai além das palavras – é um movimento.

Já ajudei mais de 3 mil mulheres a serem ativadas em seu propósito, através de imersões, mentorias, conferências, treinamentos e ministrações da Palavra de Deus.

A minha missão é clara: levantar mulheres para que vivam sua identidade em Deus, para que influenciem suas casas, empresas, ministérios e impactem o mundo ao seu redor.

Se essa mensagem ressoou com você, se você sente que este é o seu tempo de transição, expansão e crescimento, acompanhe o meu trabalho e vamos caminhar juntas! Juntas somos mais fortes e mais bem-sucedidas.

Eu celebro você!
Com carinho, Débora Silva

# DEISE MADSEN

**Empresária**
Insta: @deisemadsen

Deise Madsen é uma decoradora floral talentosa com mais de 10 anos de experiência no ramo. Formada pela renomada Zita Elze Flower Academy, sua trajetória foi marcada por resiliência, conexões significativas e uma paixão inabalável pela arte floral. Criada sob a influência de sua avó cristã e incentivada desde jovem a explorar a beleza ao seu redor, encontrou nas flores uma forma de expressão e transformação.

Após viver em diferentes países, enfrentou desafios pessoais que a levaram a redescobrir seu propósito na decoração floral. Com dedicação, construiu uma carreira de sucesso, sendo reconhecida por seu estilo sofisticado e minimalista. Seu talento a levou a trabalhar no prestigiado hotel Four Seasons, consolidando-se como referência no mercado. Hoje, Deise continua cultivando sonhos e inspirando pessoas através de sua arte e da sensibilidade única que coloca em cada arranjo.

# O DESABROCHAR

Ao longo da minha vida, tive o privilégio de conhecer pessoas que, nos momentos em que mais precisei, me estenderam a mão e me ajudaram imensamente.

Cresci como filha de pais separados e neta de uma avó cristã que foi, sem dúvida, a maior mentora que eu poderia ter. Dona Misa, com seus conselhos baseados nos valores cristãos, sempre me mostrou o caminho da fé e da compaixão. Fui muito amada, especialmente por ser a primeira neta. Minha mãe, Alba, é como uma flor que nunca murcha, sempre sorrindo e pronta para ajudar, sempre dizendo "sim" para tudo. Eu me orgulho muito dos traços que herdei dela, como a disposição para apoiar os outros.

Minha avó, Dona Misa, sempre quis o melhor para mim. Ela me incentivou a explorar diversas atividades, como piano, pintura e teatro na igreja, e foi ela quem plantou em mim a semente do desejo de nutrir os outros. Ela acreditava que eu seria alguém grande e, de certa forma, sou grata por essa visão dela. Tudo o que sei de bom na vida, devo a ela. Os valores sólidos que ela me ensinou foram minha base, a âncora que me deu estabilidade ao longo dos anos.

Quando meus pais se separaram, minha mãe, eu e meus irmãos fomos morar com minha avó. Aos 19 anos, eu queria ser independente, então saí para morar sozinha. Lembro da maneira como ela me apoiou, ajudando a procurar um apartamento. Durante três anos, trabalhei como recepcionista para pagar o aluguel, e ela estava sempre ao meu lado, apoiando todas as minhas decisões.

Aos 19 anos, eu já era apaixonada pelas coisas belas da vida. Mesmo sem tantas experiências, sempre me encantava com o que havia de mais bonito ao meu redor, especialmente com as flores e as plantas, que pareciam sussurrar segredos ao vento.

# O PRIMEIRO BOTÃO

Foi na adolescência que encontrei a primeira flor do meu caminho: minha amiga Luciana. Nossa conexão foi mágica; sempre senti que, quando encontrava a pessoa certa, algo clicava instantaneamente, e ali começava uma amizade duradoura. Acredito que esse seja um dos meus dons: reconhecer conexões genuínas e, a partir delas, criar laços profundos que se estendem ao longo do tempo.

Nossa amizade começou na igreja, onde tínhamos um amigo em comum. Desde o primeiro momento, fui cativada pelo sorriso dela, que tinha a leveza e a doçura de uma flor desabrochando. Nosso amigo em comum já sabia que nos daríamos bem e, de fato, naquele encontro, algo foi instantâneo: uma conexão profunda e genuína. No dia seguinte, nos encontramos novamente, e ela me levou para conhecer os pais dela, com quem também me encantei imediatamente. Fiquei fascinada pela casa, que era de um luxo discreto e acolhedor. Luciana, com sua autenticidade, transmitia uma energia única, e nossa conexão foi tão forte que logo nos tornamos irmãs de alma.

Apesar das diferenças nas realidades da vida, ela sempre fez com que me sentisse confortável, sem que eu jamais tivesse pensamentos negativos sobre mim mesma. A reciprocidade dessa amizade foi tão verdadeira que, quando começou a frequentar minha casa, ela percebeu que minha despensa era bem diferente da dela. Luciana, com sua generosidade natural, não hesitou em me ajudar, até mesmo trazendo comida de sua casa para a minha. Em alguns momentos, eu me sentia constrangida, mas aprendi, através dela, o verdadeiro significado da generosidade. O que ela despertou em mim naquela época me permitiu, anos depois, praticar o mesmo com os outros, oferecendo ajuda sem hesitar, assim como ela fez por mim.

Ao longo dos anos, nossa amizade se fortaleceu, sempre cheia de trocas valiosas: conselhos, palavras confortantes nos momentos difíceis e um apoio incondicional. Quando me mudei do Brasil, em 2001, apesar da distância, nossa amizade não se abalou. Mesmo longe, nossa conexão continuou intacta.

Luciana foi a primeira grande amiga que tive, alguém em quem pude confiar e saber que estaria ao meu lado, independentemente das circunstâncias. Todos precisamos de uma pessoa assim, que, aconteça o que acontecer, estará lá para nos apoiar. Essa foi a primeira conexão verdadeira que fiz e, a partir dela, ficou muito mais fácil reconhecer e cultivar outras relações genuínas e duradouras. Com ela, aprendi a confiar plenamente no poder de uma amizade sincera.

## MINHA PRIMEIRA SEMENTE

Movida pelo desejo de segurança e por um horizonte de novas possibilidades, parti para os Estados Unidos, ao lado do meu marido, cuja carreira em uma multinacional nos levou a cruzar fronteiras. O primeiro ano foi um mar revolto — a adaptação à nova cultura e ao idioma exigiu de mim coragem e resiliência. Mas, entre os desafios, encontrei laços que aqueceram minha jornada e, no meio desse recomeço, um sonho desabrochou: meu filho, Victor, que muito aguardado, veio ao mundo, trazendo consigo a luz e o amor que eu tanto esperava.

Foram três anos de plenitude, um período em que a vida se desenhou em cores vibrantes e experiências inesquecíveis. Foi nos Estados Unidos que meu maior sonho tomou forma: ser mãe. Um desejo tecido com paciência e amor, esperado como uma dádiva divina. Planejei cada detalhe, sonhei a cada instante e, quando esse momento chegou, trouxe consigo uma alegria que palavras jamais poderiam conter. Ser mãe não é apenas um papel que assumo — é a essência mais pura do que sou, o dom que habita em mim com absoluta verdade.

Quando compartilhei a notícia de que estava grávida, houve uma celebração que atravessou o Brasil e os Estados Unidos. Até meus amigos estavam ansiosos por aquele momento. O primeiro instante em que segurei meu filho no colo foi como um sonho, algo tão perfeito que parecia surreal. As primeiras semanas com ele em casa foram cheias de alegria, e tudo ao redor parecia envolto em ternura e amor. Quando o colocava em seu quarto, sentia que tudo estava no seu devido lugar; a perfeição do momento era quase tangível. Lembro-me das músicas que colocava para ele dormir, especialmente de um CD do Mozart. As roupas de cama do seu quarto, que eu trouxe do Brasil, me davam uma sensação de acolhimento e conexão com minha terra natal. Cada vez que olhava para o tecido, sentia uma paz profunda, como se estivesse trazendo um pedacinho do Brasil para o novo lar. Essa essência brasileira me confortava e, de certa forma, ajudava a me sentir em casa novamente, apesar da distância.

## EARLY SPRING

Após três anos morando nos Estados Unidos, mudei-me para as Bahamas; durante essa fase, pude me dedicar de corpo e alma à maternidade, algo que considero um dos maiores presentes da minha vida. Por dez anos, fui mãe plena. Engravidei da minha segunda filha, Nicole, que foi a realização da segunda parte do meu sonho maternal: ser mãe de uma menina. Quando ela nasceu, foi como se uma rosa desabrochasse ao amanhecer, delicada e cheia de encanto. Seu sorriso doce iluminava os dias, e em seu olhar havia uma sabedoria que parecia transcender o tempo. Levava meus filhos para a escola, acompanhava suas festas, e me entregava completamente ao papel de cuidadora e educadora. Essa dedicação era meu foco, e me trouxe um aprendizado profundo sobre o que significa dar amor incondicional a alguém.

Foi também nesse período que tive o privilégio de conhecer mulheres extraordinárias, mulheres de grande sucesso, sofisticadas, com talentos brilhantes. Uma delas, que se tornaria uma figura fundamental na minha vida no tempo em que morei nas Bahamas, foi a mãe de uma amiguinha da minha filha. Ela é decoradora, brilhante, e seu talento parecia transformar tudo o que tocava. Cada detalhe de sua casa era uma obra de arte, desde as flores que adornavam a entrada até os arranjos delicados que preenchiam os ambientes. Ao ver tudo isso, algo despertou em mim, como se uma semente tivesse sido plantada. Naquele momento, eu não sabia ainda, mas aquele encontro iria abrir os meus olhos para o mundo da decoração floral; e anos depois, essa paixão floresceria em mim.

Ela, com seu gesto generoso, tornou-se também minha madrinha ao me apoiar para que eu e minha família nos tornássemos sócias do Lyford Cay Club. Se não fosse por ela, minha família não teria feito parte daquele ambiente almejado. O clube não era apenas um espaço de convivência social, mas uma oportunidade para que meus filhos crescessem nesse contexto, frequentando um lugar onde novas conexões e experiências eram possíveis. Sou eternamente grata a ela, pois foi através dessa amizade e apoio que pude me inserir em uma comunidade que tanto me ajudou a evoluir.

A inspiração dessa conexão me levou a buscar mais conhecimento. Decidi, então, me matricular em um curso de decoração com flores, em Londres. No início, era apenas uma distração, uma forma de ocupar a mente e encontrar algo que me preenchesse. Porém, durante o curso, uma professora percebeu o meu potencial e me disse algo que ficou gravado em meu coração: "Deise, leve isso a sério. Você pode estar bem financeiramente agora, mas, se algo acontecer, você terá o seu talento para se sustentar." Aquela frase entrou profundamente no meu coração. Por seis meses, deixei meus filhos nas Bahamas com o pai e com o apoio incondicional da minha mãe, que nunca me deixou sozinha. A dedicação dela foi fundamental, agradeço profundamente por ela sempre estar ao meu lado, mesmo quando as circunstâncias não eram fáceis para nenhuma de nós.

Apesar das críticas que recebi por passar tanto tempo longe dos meus filhos, eu sabia que aquele curso era essencial para o meu crescimento. Eu precisava daquele espaço para encontrar algo dentro de mim que fosse maior do que a dor que eu estava vivendo. E, de fato, quando terminei o curso, saí com uma sensação de empoderamento. Eu me sentia capaz de criar algo belo, de fazer algo que realmente expressasse o meu talento.

Quando voltei para as Bahamas, com o coração cheio de novas ideias e uma enorme vontade de colocar em prática tudo o que aprendi, uma amiga me convidou para decorar a casa para o Thanksgiving. Ela queria flores nas cores típicas do outono, mas o mercado da ilha era extremamente limitado. Naquela época, a escassez de recursos me deixou desesperada. No carro, a caminho da casa dela, chorei muito, sem saber o que fazer. Foi quando decidi ligar para minha professora que, com sabedoria, me sugeriu: "Use legumes". Na hora, o pânico tomou conta de mim, parei o carro e não conseguia sair do lugar, porém, ouvi uma voz divina que me dizia: "Você vai dar um jeito. Vá e faça! Não tem como desistir!" E foi exatamente isso que fiz.

Quando cheguei à casa da minha amiga, meu coração estava apertado; no entanto, ao ver o resultado final, senti uma satisfação imensa. A decoração ficou linda e aquele trabalho se tornou um marco em minha trajetória. Mais do que um simples desafio, foi o meu primeiro passo real no mundo da floricultura.

Com o tempo, fui moldando minha identidade. O que me diferencia no mercado é a busca por flores exóticas e minimalistas, com estilo e, acima de tudo, com muito amor. Mesmo no início, quando minha experiência era limitada, as pessoas conseguiam perceber a dedicação e a paixão que eu colocava em cada arranjo. A beleza da floricultura foi se tornando cada vez mais clara para mim, não apenas como um negócio, mas como uma forma de expressão e conexão com as pessoas.

Algumas conexões surgem como presentes inesperados, cruzando nosso caminho no momento certo, como se estivessem destinadas a acontecer. Elas nos abrem portas que jamais imaginamos, iluminam nossos dias e nos transformam de maneiras sutis e profundas. São encontros que nos lembram que a vida, em sua essência, é tecida por laços invisíveis que nos levam exatamente onde precisamos estar.

## FALL

Infelizmente, meu casamento chegou ao fim em 2014, me deixando lições de companheirismo, humildade, cumplicidade e marcas eternas de profundo amor.

Na época, Victor queria jogar tênis, na Flórida, o desejo dele era tentar carreira, então nos mudamos.

Passei dois anos em depressão profunda; e eu tentava agir como se estivesse bem, para poder cuidar dos meus filhos. Foi um momento de isolamento e de autorreflexão para entender o que eu estava passando e como faria para continuar e persistir sozinha.

Foi um processo doloroso, mas necessário para o meu renascimento.

Em 2016, tomei uma decisão importante e me mudei para Boca Raton. Luciana me recomendou uma igreja na Flórida e, com o coração ainda apertado, decidi ir. Foi ali, naquele ambiente acolhedor, que minha vida começou a dar uma virada. Fui recebida com tanto carinho, especialmente pela bispa Angelita, que me tratou com um afeto genuíno, como se fosse mãe. Ela não apenas cuidou de mim, mas também dos meus filhos. A comunidade da igreja se tornou um apoio fundamental para mim naquele momento. Passávamos os domingos lá, e aquelas manhãs se tornaram um alicerce emocional. Mesmo anos depois, ainda mantenho amizades preciosas daquela época e continuo visitando a igreja.

A igreja, a fé e o acolhimento que encontrei foram a chave para o meu fortalecimento. Foi lá que consegui me reconectar com Deus, que senti novamente Sua presença e comecei a criar um relacionamento mais íntimo com Ele. Essa retomada da minha fé me deu a força necessária para me reerguer e para continuar em busca de meus sonhos.

## MAIS UMA FLOR PARA O MEU JARDIM

Na Flórida, minha vida estava em uma fase de recomeço. Eu praticamente trabalhava de graça, fazendo decorações com flores para festas de amigas. Cada vez que as pessoas elogiavam meu trabalho, eu sentia uma onda de reconhecimento, algo que se tornou fundamental para mim. Tinha acabado de passar por um divórcio e me sentia muito sozinha. A floricultura, nesse período, se tornou meu refúgio. As decorações que fazia eram mais do que simples arranjos; eram minha maneira de me conectar com o mundo e de encontrar um propósito enquanto enfrentava a depressão.

Ver a felicidade nos olhos das pessoas, ao receberem minhas flores, passou a ser meu sustento emocional. Eu percebia que minha habilidade podia trazer alegria aos outros e isso me dava forças para seguir em frente, me dava um propósito maior. A cada elogio, me sentia mais valorizada, e aquela troca de energia positiva foi essencial para me recuperar e redescobrir meu valor.

Foi então que, de forma completamente inesperada, uma nova conexão surgiu, transformando minha vida profissional. Conheci Caroline através dos nossos filhos. Meu filho, Victor, estava interessado na filha dela e, no começo, eu era relutante em conhecê-la. Pensava que era cedo demais para meu filho se envolver em um relacionamento, ele ainda era muito novo. Porém, Victor insistiu tanto para que eu aceitasse um almoço com ela, que acabei cedendo.

E quando chegou o dia de nos conhecermos, aconteceu algo que eu não esperava: nos demos tão bem, que criamos uma amizade verdadeira. Apesar do namoro dos nossos filhos não ter durado, nossa amizade permaneceu forte. A conexão foi instantânea. Caroline tinha um coração enorme, uma energia leve e, com o tempo, percebi que compartilhávamos muitas coisas em comum, incluindo a vontade de ajudar o próximo. Depois daquele almoço, que começou de maneira tão desconfortável para mim, eu me senti completamente desarmada. Fui em busca de algo que não queria, mas encontrei uma amizade genuína e forte.

Nossa amizade cresceu com o tempo. Começamos a jantar frequentemente na casa uma da outra. Caroline me apresentou a muitas de suas amigas e me integrou à comunidade, e posso dizer que foi uma benção em todos os sentidos. Algo curioso é que, quando eu morava nas Bahamas, Caroline também era sócia do Lyford Cay Club, na mesma época. Por um desencontro do destino, nunca nos conhecemos, e foi só quando me mudei para Boca Raton e nossos filhos se cruzaram, que realmente nossa amizade aconteceu.

Com o tempo, fui percebendo que Caroline tinha a mesma vontade de nutrir os outros, de cuidar do próximo. Ela passou a me apoiar e a elogiar meu trabalho, sempre dizendo: "ninguém faz flores como a Deise". Essa frase, dita por ela, se tornou um marco na minha trajetória. Ela acreditava em mim e no meu trabalho, antes mesmo que eu acreditasse totalmente em mim mesma.

Nossa história é prova de como as conexões certas podem mudar nossas vidas de maneiras que nunca imaginamos, muitas vezes, quando menos esperamos.

## A FLOR QUE IMPULSIONA MEU SONHO

Quando comecei a trabalhar por conta própria, percebi que precisava de ajuda. Foi quando liguei para minha antiga professora, pedindo uma direção. Ela me recomendou uma pessoa que conheci no curso, uma mulher com um talento único: Petra. Ela morava em Miami, e desde o início ficou claro para mim que ela era alguém capaz de transformar qualquer ideia em realidade. Se eu pedisse: "Emocione esse cliente", ela não apenas atenderia, mas faria isso de uma forma genuína e profunda. Inicialmente, ela começou comigo de forma temporária, mas nossa relação foi se consolidando como uma parceria de respeito e cumplicidade, e isso é algo que prezo muito.

Tudo o que conquistei até hoje foi junto com ela. Nossa conexão foi mais do que profissional – foi uma construção mútua de confiança e reconhecimento. Eu reconheço o valor que ela traz para tudo o que fazemos, e talvez ela ainda não perceba o poder que tem nas mãos. Mas eu vejo o potencial incrível que ela carrega, e isso me inspira. Ela foi uma verdadeira conexão para mim, pois com sua ajuda consegui estruturar minha empresa de forma sólida. Por outro lado, eu também fui uma conexão para ela, ao lhe proporcionar oportunidades de desenvolver e aprimorar seu dom, algo que ela sempre soube fazer, mas com um novo olhar, um novo impulso.

Uma das maiores bênçãos dessa parceria é que compartilhamos um sonho: abrir um café juntas. Essa ideia nasceu de uma visão que compartilhei com ela, e ela a abraçou com tanto entusiasmo que hoje, juntas, sonhamos com esse projeto. Essa é mais uma das forças que nos une até hoje, um vínculo que transcende o trabalho e se enraíza em nossas aspirações pessoais.

Petra me ensina a ser mais autêntica, a não me deixar levar pelas influências externas ou pelas tendências passageiras que muitas vezes tentam definir o que é "sucesso". Com ela, aprendi que o segredo do nosso trabalho não está em seguir modismos, mas em fazer o que sabemos fazer da melhor forma possível. Juntas, escolhemos oferecer algo mais intimista, mais cuidadoso, para que cada pessoa que tenha uma experiência com nossos produtos se sinta única e especial.

No fim, o que realmente importa para nós não é o dinheiro ou a fama, mas a satisfação de saber que estamos fazendo o nosso melhor, que estamos criando algo real e significativo. Nossa parceria é baseada em valores sólidos, na busca constante pela excelência e no compromisso de entregar o melhor de nós, sem jamais comprometer nossa autenticidade.

## IN FULL BLOOM

Foi Caroline quem me contou sobre a oportunidade que estava prestes a surgir. Ela me avisou que uma amiga, uma decoradora renomada e de grande prestígio no ramo, estava vindo da Inglaterra para a Flórida receber um prêmio. A filha dessa decoradora entrou em contato com Caroline, pedindo uma recomendação para fazer uma surpresa especial para a mãe, algo único e com flores deslumbrantes no hotel. Caroline, ao ouvir, afirmou com confiança: "Não há nenhuma floricultura que faça buquês tão bonitos como os da Deise". Quando ela me contou da oportunidade, percebi que seria uma chance única, e comecei a me preparar. Decidi que queria criar algo que não apenas impressionasse, mas também captasse a essência de Miami, algo autêntico e que transmitisse a verdadeira beleza da cidade.

Pesquisei sobre a decoradora e estudei profundamente as flores que poderiam ser combinadas para criar um arranjo elegante e requintado. Eu sabia que, para surpreender e mostrar meu valor, precisava oferecer algo único. Então, montei a ideia para o buquê e pedi para minha florista, Petra, comprar as flores, confiando plenamente nela para que tudo fosse executado da melhor maneira possível.

Esse momento foi um divisor de águas na minha carreira. Eu não acredito em sorte, mas sim em destino. Estava destinada a receber aquela oportunidade, sabia que era meu momento. E o que aconteceu depois foi surpreendente. Quando Petra estava na loja escolhendo as flores, uma mulher se aproximou, ficou tão encantada pela escolha das flores que pediu um cartão para nós. Era a diretora criativa do hotel Four Seasons, que estava abrindo em Miami. Ao ver o cartão em mãos, eu mal conseguia conter minha felicidade. Era o Four Seasons, um nome que representa excelência e que qualquer florista desejaria ter como cliente. Naquele momento, eu sabia que a chance era enorme, e era tudo o que eu queria.

Fui para a reunião com um único objetivo: conquistar aquele trabalho. Na época, eu ainda não era florista profissional; só fazia arranjos para amigas e conhecidas. Mas, naquele encontro, não fui para uma entrevista comum, fui para pegar a vaga. Eu sabia que aquela oportunidade estava nas minhas mãos e, com determinação, me preparei para fazer acontecer. Faria o meu melhor, aprenderia com eles e me entregaria completamente a essa chance.

Eu conquistei a vaga entre as maiores floristas de Miami. Vejo isso como algo divino, algo que estava destinado a acontecer. Talvez tenha sido minha fé de brasileira, essa garra e determinação que carregamos, que me ajudaram a alcançar esse resultado. Acredito profundamente que a minha fé em Deus, essa força, essa confiança inabalável, me fez dar o passo certo.

Fui chamada para trabalhar no Four Seasons. No entanto, por questões burocráticas, não pude aceitar imediatamente. E foi aí que Caroline, mais uma vez, se tornou a grande conexão da minha vida. Ela, com sua amizade e empatia, viabilizou o processo para que eu conseguisse aceitar o trabalho. Sem ela, eu não teria dado esse passo tão crucial na minha trajetória.

Caroline foi uma peça fundamental nesse processo, mas também reconheço que outras pessoas ao longo do caminho se tornaram grandes conexões, que me levantaram. Não teria sido possível sem a amizade dela, sem a ajuda e a empatia de uma mulher que, mesmo em um momento difícil na sua própria vida, me disse: "Não se preocupe, vamos dar um jeito". Essa solidariedade, essa ajuda mútua, foi o que me impulsionou a dar o próximo passo.

## DESERT ROSE

Ao longo da minha trajetória, fui abençoada com a presença de muitos clientes que, de maneiras diferentes, contribuíram para que eu seguisse em frente. Houve momentos em que pensei em desistir, quando duvidei da minha capacidade como profissional. O que talvez essas mulheres não saibam é o impacto profundo que tiveram na minha vida, o poder que exerceram sobre mim de maneira inconsciente, através da empatia e do cuidado com que se relacionaram comigo. Elas influenciaram minha vida de formas que não poderiam imaginar.

Lembro-me de uma cliente em especial, que me pediu para decorar a casa dela com flores. Enquanto eu montava os arranjos, ela se sentou na cozinha e me observou. Ali, percebi o quanto aquele momento era significativo, a importância que ela atribuía ao meu trabalho. Era como se, naquele instante, eu estivesse criando algo único, e ela se sentisse privilegiada por testemunhar o processo. Ela me disse, com toda a sinceridade, que não queria fazer nada além de me ver transformar aquele espaço com minha arte.

No entanto, aquele momento de reconhecimento subiu à minha cabeça. Foi quando calcei o salto da falta de humildade. Decidi começar a cobrar mais pelos meus serviços. E, como consequência, ela nunca mais me chamou para fazer qualquer trabalho. Na época, fiquei frustrada, mas hoje entendo que aquilo foi uma lição valiosa. Foi ali que aprendi, de forma difícil, o verdadeiro significado de humildade. Reconheci meu erro, tirei o salto da soberba e entendi que o que realmente importa é fazer o meu melhor, com respeito e dedicação.

Ao longo da minha vida, calcei muitos saltos errados, me senti superior em algumas situações. Mas, com o tempo, aprendi que o que realmente me cabe é o salto da humildade. Quando me calço de humildade, consigo estabelecer conexões genuínas, reais. Foi essa transformação que me permitiu crescer não apenas como profissional, mas também como pessoa.

# MINHA HISTÓRIA DE SUCESSO

Através da minha experiência no Four Seasons, fiz conexões que marcaram minha trajetória, especialmente com mulheres que admiro profundamente. Foi um ambiente onde pude aprender, crescer e realizar coisas que nunca imaginei. A parceria com o hotel sempre foi baseada em respeito mútuo e, ao longo dos anos, fui agraciada com muitas oportunidades para me desenvolver.

Meu início no Four Seasons foi desafiador. Eles estavam em busca de um conceito de decoração com flores, algo que ainda não tinham definido. Quando entrei, o cenário estava desorganizado, e havia uma certa confusão sobre qual direção seguir. Meu papel era justamente resolver isso. Foram diversos testes, com diferentes tipos de flores e arranjos até que, finalmente, encontramos o conceito que permanece até hoje: uma abordagem exótica, simples e minimalista. Trabalhei lá por seis anos, desde 2017 até minha saída do lobby, em 2023.

A tradição do Four Seasons sempre foi entregar excelência, e essa filosofia é algo com o qual me identifiquei desde o começo. Para mim, trabalhar lá foi uma experiência imensurável, que me elevou a um nível profissional completamente novo. Mais do que um ambiente de alta qualidade para os hóspedes, o Four Seasons sempre foi uma grande família, onde o bem-estar e a valorização de quem trabalha lá também são prioridades. Essa cultura de respeito e cuidado com os colaboradores me ensinou muito sobre liderança e colaboração.

No entanto, nem tudo foi um mar de rosas. Houve um momento difícil, uma situação que me decepcionou profundamente e me fez tomar uma decisão impulsiva. Pedi demissão sem pensar direito: um ato que, no calor do momento, parecia certo, mas logo percebi que não era. Quando tentei voltar, fui informada de que o cargo havia sido ocupado por outra pessoa que cobrava um valor mais baixo pelo mesmo trabalho. Para eles, parecia que eu estava sendo cara demais, mas, na verdade, eu sabia que o preço que cobrava pelo meu trabalho era justo, considerando a qualidade e o valor que eu entregava. Reconheço o esforço, o tempo e a dedicação que coloco em tudo o que faço, e essa consciência é algo que me fortalece.

Embora tenha sido um momento de grande tristeza e frustração, não deixei que isso me paralisasse. Continuei trabalhando, agora em um restaurante dentro do Four Seasons, além de me envolver com eventos de forma esporádica.

Dentro do restaurante, a pessoa que mais me considerou foi a esposa do dono, uma mulher que assumiu um papel fundamental na minha continuidade lá. Ela não só reconheceu o meu trabalho, como também viu o meu potencial. Lembro até hoje de suas palavras: "Eu não vou te deixar". Ela me deu mais responsabilidades, mais oportunidades, e me ajudou a encontrar um caminho dentro do hotel, mesmo quando as circunstâncias pareciam incertas.

Hoje, nossa relação vai além do profissional. Ela se tornou uma amiga, uma mentora, alguém que tem me mostrado não só como ser melhor no meu trabalho, mas também como ser mais empreendedora e resiliente. Ela tem sido uma fonte constante de inspiração, me incentivando a acreditar em mim mesma, a entender que posso ir além, que sou capaz de conquistar o que desejo.

Refletindo sobre tudo isso, percebo que as conexões certas podem transformar uma carreira. A valorização das pessoas que acreditam em você, que veem o seu valor quando outros não veem, é o que faz a diferença. Ela acendeu uma chama dentro de mim, me lembrando de que, mesmo quando as portas se fecham, sempre há uma maneira de seguir em frente, desde que você esteja disposto a continuar lutando pelo que acredita.

Admiro profundamente essa mulher, não só pela profissional incrível que é, mas pela pessoa inspiradora que se tornou em minha vida.

## O PODER DO NETWORKING

Se existe algo que sempre foi natural para mim, é o networking. Mas não vejo networking apenas como uma troca profissional. Para mim, é sobre conexão. É sobre enxergar as pessoas, entender o que elas precisam, o que posso fazer para melhorar um ambiente, seja ajustando a música, adicionando flores ou repensando a decoração. Pequenos detalhes fazem diferença.

Sempre acreditei que as conexões certas nos levam a lugares inesperados e abrem portas para oportunidades incríveis. Na minha vida, isso nunca foi apenas teoria — sempre aconteceu de forma muito clara. Quem diria que, por causa da minha amizade com Caroline e Petra, eu chegaria a trabalhar no Four Seasons?

Às vezes, um simples gesto pode transformar o dia de alguém. Uma rosa deixada no lugar certo, uma palavra dita na hora exata. Nem sempre é preciso muito, mas é preciso perceber. E eu percebo. Estou sempre atenta a esses momentos.

Faz parte de quem eu sou. Nutrir, cuidar, criar momentos de felicidade para os outros. Sei que, muitas vezes, isso exige de mim mais do que eu tenho, no momento. Mas não importa. Porque se, no final, eu conseguir fazer a diferença na vida de alguém, tudo vale a pena.

## DEDICATÓRIAS

Agradeço a Deus, por ter me propiciado essa oportunidade divina de ser uma mulher e de conhecer mulheres maravilhosas.

Aos meus filhos, que são a razão de cada passo que dou, dedico todo meu coração. Que possam, um dia, olhar para mim e encontrar não apenas uma mãe, mas um exemplo de coragem, amor incondicional e perseverança.

    Dedico minha gratidão à Alba, minha mãe, meu porto seguro, a Dona Misa, com seus conselhos sobre fé e compaixão e à Denise, minha irmã, uma mulher que admiro profundamente e que hoje é uma referência de força, resiliência, fé e generosidade para nossa família.

    Caroline, Luciana, Petra e todas as mulheres que me influenciaram e impactaram minha jornada — hoje, desejo que eu também tenha sido inspiração para outras, ao menos um pouco do que fui transformada por aquelas que cruzaram meu caminho. Afinal, foram muitas as mulheres que contribuíram para a pessoa que sou hoje.

    Também agradeço a Olga, Hadla, Neia, Gislaine, Patricia, Fabrícia, Viviane, Luciana, Lucilene, Graziela, Juliana e Renata — mulheres que são sinônimo de força, lealdade e fé. Sou imensamente grata por terem feito meu caminho florescer.

    Que eu continue encontrando mulheres e conexões tão inspiradoras e brilhantes como essas. Que venham mais.

# DÉBORA MANFRE

**Real Estate e Mentora de Mulheres**
**Insta, YouTube & TikTok: @deboramanfre**

Meu nome é Débora Manfre, sou casada há 16 anos com o amor da minha vida, Paul, e mãe de dois filhos, Julya e Enzo, minhas maiores bênçãos. Aos 18 anos, saí do Brasil carregando grandes sonhos, mas também cicatrizes profundas. A vida me levou por caminhos desafiadores, e no momento mais doloroso da minha jornada, durante a separação do meu casamento conheci Deus de verdade. Foi ali, no meio do caos, que Ele transformou tudo. Deus não apenas restaurou minha identidade, mas me conduziu a um crescimento sobrenatural no mercado imobiliário, onde fui reconhecida como uma das melhores profissionais dos Estados Unidos. Mas Ele fez muito mais, restaurou meu casamento, minha família e, acima de tudo, me mostrou quem eu realmente sou. Eu era a menos provável, mas Deus escolheu investir em mim.

Hoje, minha missão é ajudar outras mulheres a romperem bloqueios, restaurarem seus relacionamentos e famílias e viverem com propósito. Se você sente que sua história acabou, quero que saiba: há esperança, há restauração e há um chamado sobre a sua vida. Deus já preparou algo maior para você e eu estou aqui para te ajudar a enxergar isso.

# PODER DAS CONEXÕES:

1 de janeiro de 2016. Eu nunca vou me esquecer desse dia. Eu estava saindo do avião, chegando em Nova York, voltando para casa, e tudo o que eu sentia era um misto de medo, angústia e incerteza. Meu coração parecia que ia explodir de tanto nervosismo. Eu queria chorar, mas ao mesmo tempo tentava me segurar, porque não sabia o que me esperava do lado de fora daquele aeroporto. O que eu sabia era que minha vida estava prestes a mudar completamente. Mas mudar para melhor ou para pior? Essa era a pergunta que me consumia. Tudo que eu conseguia pensar era: "Meu Deus, como vou criar meus filhos sozinha? Onde vou morar? Como vou me sustentar?" Eram tantos pensamentos, tantas perguntas, e nenhuma resposta.

Peguei meu celular e liguei para meu marido, "Estou saindo do avião," e ele respondeu de maneira curta, sem emoção: "estou aqui fora". Eu sentia que algo estava errado. Comigo estavam meus filhos, Julya, de 11 anos, e Enzo, de 5 anos. Eles estavam animados, como crianças que não tinham ideia do caos que eu estava enfrentando por dentro. Eu podia sentir o frio cortante de Nova York naquela manhã nublada, um frio que parecia refletir o vazio que estava dentro de mim.

Assim que vi meu marido esperando na saída do aeroporto, uma pequena esperança surgiu dentro de mim. Eu sorri, mas foi um sorriso carregado de medo. As crianças correram para abraçá-lo, e ele retribuiu, mas de forma distante. Pegou nossas malas rapidamente e entrou no carro. Algo estava diferente. Algo estava errado.

No caminho para casa, tentei puxar conversa: "O trânsito estava ruim?" Ele respondeu de forma fria, com poucas palavras: "não estava mal". Meu coração disparou. Era como se eu estivesse sentada ao lado de um estranho. Dias antes, ele havia me ligado pedindo o divórcio. Disse que já não dava mais. Que já não aguentava nossas brigas, minhas reclamações e que eu era "perfeita demais", que nunca errava, e que ele queria o divórcio. Naquele momento, ouvindo sua voz distante e sentindo sua frieza, eu soube: era real. Nosso casamento tinha acabado. Não era uma briga qualquer. Era o fim.

Chegamos em casa, e minha última esperança se desfez completamente. Ele havia se mudado para o porão da nossa casa. Não dormia mais no mesmo quarto que eu. A dor que senti foi insuportável. Meu casamento de oito anos estava destruído. Eu chorei, implorei, supliquei. Pedi que ele reconsiderasse. Disse que podíamos tentar de novo. Mas nada mudava sua decisão. Pela primeira vez na minha vida, eu estava diante de algo que não podia controlar.

Desesperada, liguei para minha sogra. "Por favor, venha me ajudar," pedi, entre soluços. Ela atendeu na hora e disse que pegaria a estrada imediatamente. Eu sabia que levaria cerca de duas horas para ela chegar, porque ela morava em outro estado; então fiquei ali, em estado de choque, sentada no sofá, chorando como se meu mundo tivesse desabado. Porque, na verdade, ele tinha.

Mas, de repente, a campainha tocou. Fiquei surpresa porque aqui nos Estados Unidos receber visitas sem você convidar, não é uma coisa comum. Aqui as pessoas só vão na sua casa se forem convidadas. Eu pensei: "Não estou esperando ninguém, e não pode ser a minha sogra, porque ela deve estar saindo de casa agora... mas quem será?" Quando abri a porta, vi uma família da igreja. Perguntei se minha sogra tinha ligado para eles. "Não, estávamos pregando a palavra de Deus na região e sentimos no coração que tínhamos que passar aqui", responderam.

Foi ali que senti, pela primeira vez, o cuidado de Deus. No meio do caos, no momento mais escuro da minha vida, Ele estava ali. Abracei aquela mulher e chorei em seus braços. "Meu marido não me quer mais... O que vou fazer?" Minha voz saiu fraca, sem esperança. Eu me sentia completamente perdida. Eu não trabalhava há cinco anos. Dependia financeiramente do meu marido. Eu não sabia como iria cuidar das crianças sozinha. Não tinha família por perto. Era um abismo sem fim.

Minha sogra chegou um pouco depois e ficou comigo por quase um mês, porque eu simplesmente não tinha forças para cuidar das crianças. Ela era a minha única esperança. A única pessoa que talvez pudesse convencer meu marido a mudar de ideia. Mas, com o passar dos dias, percebi que nem ela conseguiria fazê-lo desistir daquela decisão. Ele parecia irredutível. Frio, distante. Era como se eu estivesse falando com um estranho, e isso me matava um pouco mais a cada dia.

Passei semanas sem sair da cama, sem me alimentar direito, sem forças para continuar. Eu me sentia morta por dentro. O peso da rejeição esmagava meu peito, a dor da solidão era insuportável. Eu via meus filhos, tão pequenos, tão inocentes, sem entender o que estava acontecendo, e me perguntava: "Como vou seguir em frente? Como vou cuidar deles, se nem consigo levantar da cama?"

Não demorou muito para que meu marido encontrasse um apartamento. E assim que ele me deu a notícia de que já tinha data para sair de casa, meu coração disparou. Era como se, naquele instante, todo o ar tivesse sido arrancado dos meus pulmões. O desespero tomou conta de mim. Eu corri até ele, agarrei suas mãos, olhei fundo nos seus olhos e implorei, com a voz embargada pelo choro: "Por favor, não faz isso... Vamos tentar mais uma vez. Eu mudo! Eu faço qualquer coisa, mas não me deixa"...

Mas ele nem piscou. Sua voz soou firme, cortante, como uma lâmina atravessando minha alma: "Já tentamos muito. Essa é a melhor decisão para nós". Essas palavras ecoaram na minha mente como um trovão.

No meio daquele buraco sem fundo, onde a dor parecia não ter fim, tomei uma decisão: voltar para a faculdade de enfermagem. Achei que seria minha saída, minha chance de recomeçar. Então, sem pensar muito, me matriculei novamente. Já havia começado o curso antes do nascimento do meu filho, Enzo, e sabia que, em dois anos e meio, poderia concluí-lo e garantir um emprego para pagar minhas contas. Agora que estava me divorciando, essa parecia ser a única solução. Todos os sábados, eu dirigia até outro estado, onde minha sogra morava, para assistir às aulas. Ela era a única pessoa que podia me ajudar com as crianças. Fiz isso por pouco mais de um mês, agarrando-me à esperança de que essa era a melhor decisão para mim e para os meus filhos.

Até que, em uma noite escura e silenciosa, enquanto orava e chorava nos braços do Pai, sentindo uma dor profunda pela ausência do meu marido, ouvi a voz de Deus de uma forma que nunca havia experimentado antes: "Filha, você está confiando no homem para cuidar de você, mas eu quero que confie em mim. Largue a faculdade e cuide dos seus filhos. Pregue a minha palavra. Eu vou cuidar de você." Naquele momento, algo dentro de mim se quebrou e, ao mesmo tempo, se reconstruiu. Eu nunca havia sentido a presença de Deus daquela maneira. Mesmo sem saber como poderia pregar a Sua palavra – afinal, eu mal conhecia a Bíblia –, decidi confiar. Frequentava a igreja, mas nunca havia tido um relacionamento verdadeiro com Ele. Ainda assim, Sua voz era tão real, tão forte, que fiz a escolha mais difícil da minha vida: obedecer. Tranquei a matrícula na faculdade, voltei para casa e comecei a buscar Deus, com todo o meu coração. Todos achavam que eu estava ficando louca. Sem marido, sem emprego, sem um plano claro para o futuro. Para qualquer pessoa sensata, a única opção lógica seria terminar a faculdade, conseguir um trabalho que me sustentasse e seguir em frente. Mas eu já havia decidido, no meu coração, que seguiria a voz do Pai, mesmo sem entender, mesmo sem fazer sentido. Minha sogra continuou me ajudando por um tempo, fazendo feira para mim e para as crianças. Mas, um dia, veio o choque da realidade. Ela me chamou e disse: "Débora, você precisa arrumar um trabalho, porque não consigo sustentar duas casas."

Aquilo doeu. Senti-me sozinha de novo. Sem ajuda. Sem saída. Mas, em vez de me desesperar, fui orar. Continuei estudando a Palavra e fortalecendo meu relacionamento com Deus, mesmo em meio às circunstâncias. Um mês depois, em um sábado à noite, Deus me falou de novo: "Vá para a academia."

Achei estranho. Até questionei: "Senhor, o que eu vou fazer na academia às oito da noite? Eu só malho de manhã."

Mas a sensação de que eu precisava ir não parava de crescer dentro de mim. Até que decidi obedecer. Quando cheguei, a academia estava vazia. Olhei ao redor e pensei: "O que estou fazendo aqui, a essa hora?" Mas não demorou muito para que uma mulher linda, radiante e cheia de vida entrasse. Ela começou a treinar perto de mim, e logo puxamos conversa. Seu nome era Raquel. Conversamos como se nos conhecêssemos há anos. Em pouco tempo, contei minha história para ela, sobre minha separação, minha busca desesperada por um emprego, e como me sentia completamente perdida sem saber o que fazer. Expliquei que não tinha faculdade, nem família para me ajudar com as crianças, a não ser durante o tempo em que estavam na escola.

Ela me olhou nos olhos, séria, mas com um brilho de convicção, e disse algo que mudou tudo: "Débora, você fala três línguas fluentemente e está me dizendo que não consegue trabalho?"

Aquilo me despertou. Nunca tinha pensado nisso. Nunca tinha visto minhas habilidades como algo valioso.

Ela continuou: "Você não precisa de um diploma para começar. Você tem algo que muitas pessoas não têm. Vamos encontrar uma solução."

Naquele instante, algo dentro de mim mudou. Pela primeira vez em muito tempo, comecei a enxergar possibilidades onde antes só via limitações.

Raquel não foi apenas um encontro aleatório naquela academia. Ela foi um instrumento de Deus para me fazer enxergar o que eu mesma não conseguia ver. Foi o começo de uma nova jornada. Antes de irmos embora da academia, a Raquel olhou para mim e disse que falaria com o pai de sua filha para ver se conseguia me ajudar com um emprego; algo dentro de mim se acendeu. "Será, meu Deus? Será que essa é a porta que o Senhor está abrindo para mim?" Era difícil acreditar que, depois de tanto tempo me sentindo perdida, sem direção e sem perspectiva, talvez uma oportunidade estivesse finalmente chegando. Mas, ao mesmo tempo, uma parte de mim hesitava. Eu já tinha enfrentado tantas decepções, tantas portas fechadas, que meu coração não queria se agarrar a uma falsa esperança. Trocamos nossos números de telefone, e ela me disse, com um sorriso confiante: "Te mando uma mensagem assim que tiver uma resposta."

No fundo, eu queria acreditar que essa conexão tinha vindo de Deus, mas as dúvidas ainda insistiam em me assombrar. Eu não tinha experiência formal, não tinha um diploma, e minha situação era complicada por causa dos meus filhos. Quem iria me contratar, com todas essas limitações?

Mas algo dentro de mim me dizia para confiar. Dois dias depois, na segunda-feira de manhã, meu telefone vibrou com uma mensagem de Raquel: "Ele quer te entrevistar! Você pode vir hoje?"

Meu coração disparou. Senti minhas mãos suarem enquanto segurava o telefone.

"Sim, claro! Mas preciso deixar claro que só posso trabalhar no horário em que meus filhos estão na escola." Ela respondeu rapidamente: "Ele já sabe disso e está de acordo." Foi como se um peso tivesse saído dos meus ombros. Corri para me arrumar, sentindo uma mistura de nervosismo e esperança.

Quando cheguei ao endereço que Raquel me passou, meu coração acelerou ainda mais. Meu Deus, aquilo não podia ser coincidência. O escritório ficava quase em frente à escola dos meus filhos! Senti um arrepio percorrer meu corpo. Deus estava me mostrando que Ele cuidava de cada detalhe. A entrevista foi tranquila. O homem era gentil, fez algumas perguntas sobre minha experiência, minha disponibilidade e, no final, sorriu e disse:

"Você pode começar na próxima semana. Vou te pagar $15 por hora. O horário será das 10h da manhã até as 3:15h da tarde, para que você possa buscar seus filhos na escola."

Meu Deus. Era exatamente o que eu precisava. Saí dali com os olhos cheios de lágrimas. Minha primeira reação foi agradecer a Deus.

"Pai, eu não tenho palavras. Obrigada! Obrigada porque mais uma vez vejo a Tua mão cuidando de mim."

Logo liguei para a minha sogra e meu marido para contar a novidade. Eles quase não acreditaram. Eles sabiam como minha situação estava difícil e não conseguiam negar que aquilo era um verdadeiro milagre. E que Deus estava naquela situação. Mas o impacto mais profundo foi no meu marido. Pela primeira vez, ele começou a perceber que algo diferente estava acontecendo comigo. A mulher deprimida, triste, explosiva e impaciente estava dando lugar a uma nova versão de mim, mais calma, mais feliz, mais cheia de amor pela vida.

Ele começou a visitar mais a nossa casa, a conversar mais comigo. Eu, que antes implorava para que ele voltasse, agora havia parado de pedir. Minha atenção estava voltada para os meus filhos, meu trabalho e, acima de tudo, minha caminhada com Deus. E assim, tudo começou a mudar entre nós.

Agora, além de um novo trabalho, eu também tinha uma nova amiga: Raquel. Trabalhávamos juntas e, com o tempo, percebi que todas nós deveríamos ter uma Raquel em nossas vidas – alguém que veja em nós aquilo que ainda não conseguimos enxergar. Eu estava dando o meu melhor, todos os dias, no trabalho; e em pouco tempo, meu patrão percebeu. Meu salário foi aumentado de $15 para $22 por hora. Foi a primeira vez que me senti valorizada profissionalmente. Três meses depois, Raquel me chamou para conversar.

"Débora, os clientes te adoram, aqui. Você tem um talento natural para isso. Eu acho que você deveria tirar sua licença e fazer isso profissionalmente. Essa carreira pode te dar muito dinheiro."

Eu congelei. Nunca tinha pensado nisso. Nunca tinha me imaginado fazendo outra coisa além de enfermagem. Ela percebeu minha hesitação e continuou: "Débora, você é incrível no que faz, mas não está enxergando seu próprio potencial. Você precisa ver o que eu vejo em você."

Essas palavras ficaram ecoando dentro de mim. Será que eu realmente tinha potencial para algo maior? Ela começou a me explicar sobre a área de empréstimos financeiros, como funcionava, as possibilidades de crescimento. Eu nunca tinha considerado nada disso antes. Mas, agora, uma nova porta estava se abrindo.

O caos no meu casamento ainda estava presente, mas agora eu tinha algo novo: esperança. Decidi dar um passo de fé e estudar para a prova de certificação. E quando passei... meu Deus! Eu chorei de alegria. Pela primeira vez, eu via um caminho para construir algo meu.

Na mesma época, meu marido pediu para voltar para casa. Ele via minha transformação. Via tudo o que Deus estava fazendo na minha vida. E decidimos dar mais uma chance ao nosso casamento, só que, dessa vez, com Deus no centro. Continuei trabalhando com Raquel por mais alguns meses, enquanto sua voz ecoava dentro de mim: "Você pode crescer muito, Débora. Você é muito boa nisso. As pessoas amam o seu trabalho. Você vai longe."

Finalmente, decidi investir na minha carreira e contratei um coach. Consegui um trabalho melhor, onde ganhava mais, e comecei a entender o que Raquel tentava me mostrar desde o começo: eu podia construir uma carreira de sucesso e ainda assim estar presente para os meus filhos. Quando comecei nesse novo trabalho, eu não imaginava que uma nova conexão mudaria completamente o rumo da minha carreira. Foi ali que conheci o Daniel. Ele foi uma peça-chave na minha jornada no mercado de empréstimos. Eu não fiquei muito tempo nessa empresa, mas foi o suficiente para que essa conexão se tornasse um dos maiores presentes que Deus já me deu. Através dele, fui apresentada a um dos donos de uma das maiores companhias de empréstimos dos Estados Unidos. E foi então que algo inesperado aconteceu: eles me fizeram uma oferta de trabalho que ia muito além de tudo o que eu poderia sonhar, pensar ou imaginar; me ofereceram um cargo para eu trabalhar de casa, com todo o suporte necessário, com assistente, estrutura e benefícios que jamais imaginei serem possíveis para mim.

Naquele momento, a menina que um dia se sentiu incapaz, que achava que nunca teria um futuro promissor, agora estava diante de uma oportunidade sobrenatural, algo que só poderia ter vindo das mãos de Deus.

Eu me lembrei da promessa do Senhor: "Nem olhos viram, nem ouvidos ouviram, nem jamais penetrou em coração humano o que Deus tem preparado para aqueles que o amam." (1 Coríntios 2:9)

Foi exatamente isso que aconteceu comigo. Deus me mostrou que Ele sempre teve algo muito maior preparado, mesmo quando eu não conseguia enxergar nada além das minhas limitações. Por tanto tempo, eu me vi como incapaz. Meu sonho era ser enfermeira, encontrar um trabalho que apenas cobrisse minhas contas e me desse segurança. Mas Deus tinha planos muito maiores. Ele sempre tem. Seus sonhos vão além do que nossos olhos podem ver e além do que nossa mente consegue imaginar. E essa oferta não foi apenas um novo trabalho. Foi uma porta que me levou a lugares de excelência, a lugares grandes. Eu saí de uma mulher destruída, separada, quebrada, que ganhava apenas 15 dólares como secretária, para, em menos de três anos, faturar um milhão de dólares no mercado imobiliário.

Uma conexão abriu a porta para a próxima. Primeiro veio Raquel e, agora, Daniel. Através dele, fui conectada a pessoas que mudaram minha vida para sempre. Essa única porta que Deus abriu me levou a um crescimento tão extraordinário, que transformou completamente minha realidade. Nós, muitas vezes, nos enxergamos através das nossas limitações e nos recusamos a sonhar os sonhos de Deus. Nós nos acomodamos, aceitamos menos do que Ele tem para nós, porque não conseguimos visualizar o que Ele já preparou. Mas a verdade é que dentro de cada um de nós Ele colocou talentos, habilidades e dons que nem mesmo conseguimos reconhecer sozinhos. Naquele momento, eu entendi: Deus estava me guiando o tempo todo. Ele estava trazendo as conexões certas, as oportunidades certas. Mesmo quando eu me sentia pequena, Ele já via os diamantes preciosos que havia colocado dentro de mim. E essa foi apenas mais uma prova de que os sonhos de Deus são sempre maiores do que os nossos.

Uma menina de 18 anos saiu do Brasil cheia de sonhos, mas também cheia de cicatrizes e dores. Essa menina era eu. Eu não sabia o que a vida me reservava, mas, no fundo, algo dentro de mim sempre acreditou que havia algo maior. E foi assim que, anos depois, no meio da minha dor e separação, quando eu me sentia mais perdida e incapaz, Deus abriu uma porta que eu jamais poderia imaginar. Aquela oferta de trabalho não era apenas uma promoção, era um presente divino, um salto que me tiraria do chão da dor e me levaria a alturas que meus olhos jamais haviam contemplado. Eu nunca poderia prever que aquela simples conexão com a Raquel, na academia, se tornaria a chave para minha transformação; que aquela porta abriria outras e que, em menos de três anos, eu sairia de $15 dólares a hora, como secretária, para faturar um milhão de dólares no mercado imobiliário.

Deus sempre soube. Ele já tinha preparado cada detalhe, antes mesmo que eu entendesse o que estava acontecendo. Mas, antes de me dar essa benção, Ele me ensinou a confiar. Ele me ensinou a enxergar além das circunstâncias, a entender que a minha identidade não estava no que eu fazia, mas em quem Ele me criou para ser.

Talvez você esteja lendo isso e se sentindo exatamente como eu me sentia. Perdida. Sem esperança. Sem acreditar que há algo maior esperando por você. Talvez você esteja passando pelo seu próprio deserto, onde tudo parece escuro e sem saída. Mas eu quero te dizer algo: é exatamente nesse lugar que os maiores milagres acontecem.

Quando tudo parece estar contra nós, quando não vemos saídas, quando sentimos que não há esperança, Deus está preparando o terreno para um renascimento. A questão é: você está se permitindo ser guiada? Você tem pedido a Deus pelas conexões certas? Você tem buscado a direção do Espírito Santo? Porque antes de qualquer conexão humana mudar a nossa vida, a primeira conexão que transforma tudo é a nossa conexão com Deus. Quando essa conexão se fortalece, nossos ouvidos espirituais se abrem para ouvir a voz Dele, nossos olhos se abrem para enxergar oportunidades onde antes só víamos problemas, e nosso coração se expande para receber as bênçãos que Ele já preparou.

Eu achava que meu maior problema era a falta de dinheiro, a falta de oportunidades, a falta de conexões. Mas o que realmente faltava era enxergar a abundância que já estava ao meu redor. Eu estava tão focada na escassez, na dor, na separação, que não via os presentes que Deus já estava me dando. Talvez você esteja fazendo o mesmo. Talvez Deus já tenha colocado anjos ao seu redor. Pessoas que querem te ajudar, te impulsionar, te mostrar seu verdadeiro valor. Mas será que você está vendo? Ou será que sua mente ainda está presa ao que você perdeu, ao que não deu certo, ao que ficou para trás?

Raquel foi uma dessas conexões para mim. Quando eu não enxergava meu próprio brilho, ela enxergou. Ela me mostrou os talentos que eu nem sabia que tinha. Ela me ensinou que eu carregava algo precioso dentro de mim. E por causa dessa conexão, minha vida mudou. Eu fui reconhecida nacionalmente. Fui nomeada entre as 30 melhores dos Estados Unidos no setor de empréstimos bancários. Recebi prêmios que jamais imaginei conquistar. Mas sabe de uma coisa? Nunca foi sobre o dinheiro. Nunca foi sobre os títulos. Foi sobre o que Deus fez dentro de mim. Foi sobre Ele me mostrar que eu sou capaz. Que eu sou chamada para algo maior. Que as minhas dores não definem o meu destino. E hoje, eu olho para trás e percebo que, assim como precisei de uma Raquel na minha vida para me impulsionar, hoje eu me tornei uma Raquel.

Hoje, toda pessoa que cruza o meu caminho, eu vejo além do que os olhos naturais podem enxergar.

Eu me tornei uma ponte.

Uma ponte para impulsionar mulheres.

Uma ponte para revelar talentos escondidos.

Uma ponte para restaurar identidades.

Uma ponte para mostrar que há algo maior dentro de cada uma de nós.

Porque eu sei o que é estar perdida. Eu sei o que é se sentir sem esperança, sem valor, sem direção. Mas eu também sei que Deus nos dá conexões divinas para nos lembrar de quem realmente somos. E agora eu pergunto a você: Você tem sido uma Raquel na vida de alguém? Você tem olhado para as mulheres ao seu redor e enxergado os diamantes escondidos dentro delas? Ou você tem passado pela vida apenas esperando que alguém veja você?

Porque quando você se torna uma ponte para alguém, Deus constrói caminhos ainda maiores para você. E eu quero que você entenda isso hoje. Você não está sozinha. Se você está passando por um momento difícil, saiba que esse pode ser exatamente o lugar onde Deus vai operar seu maior milagre. Mas, para isso, você precisa se conectar.

Primeiro, com Deus. Com o Espírito Santo que habita dentro de você. Porque é essa conexão que vai abrir todas as outras portas. E depois, com as pessoas certas. Com as conexões que vêm de Deus, com aquelas que Ele já colocou no seu caminho. Mas você tem que estar aberta.

Aberta para ver além do que seus olhos naturais podem enxergar. Aberta para sair do papel de vítima e entrar no papel de filha amada, herdeira, mulher de propósito.

Você já agradeceu a Deus hoje pelas conexões que Ele trouxe para sua vida? Você já reconheceu as portas que Ele já abriu? Se não, faça isso agora. Porque enquanto você não enxergar o que já tem, você nunca estará pronta para receber o que está por vir.

## UM EXERCÍCIO PARA VOCÊ:

Antes de tudo, encontre um lugar tranquilo. Respire fundo e reserve um momento para se conectar com Deus. Pegue um papel e uma caneta, ou seu diário, e abra seu coração ao responder estas perguntas. O objetivo deste exercício não é apenas escrever, mas tomar consciência do que Deus já tem feito na sua vida e do que Ele deseja revelar a você.

1. Onde Deus já te mostrou que há mais para você, mas você tem medo de confiar?
2. Quais dons e talentos você tem ignorado em si mesma?
3. Que conexões divinas já surgiram em sua vida e como você pode valorizá-las mais?
4. O que você precisa deixar para trás, para entrar na vida que Deus tem para você?
5. Como você pode ser uma Raquel na vida de alguém?

Pense em uma mulher que talvez precise ouvir uma palavra de encorajamento, um conselho, um empurrãozinho para seguir seu chamado. Escreva o nome dela e tome uma ação ainda hoje para ser essa conexão divina na vida dela.

## UM COMPROMISSO COM DEUS E COM SEU FUTURO

Agora que você respondeu a cada uma dessas perguntas, escreva uma oração de gratidão e compromisso. A gratidão abre portas que a reclamação fecha. E hoje, eu quero declarar sobre a sua vida abundância, conexões divinas, oportunidades inesperadas, portas abertas, favor sobrenatural e um coração alinhado com os propósitos de Deus.

Você não está aqui por acaso. Você carrega algo único. Você é luz. Você é preciosa. Você tem talentos que o mundo precisa. E quando você começar a enxergar isso em si mesma, as conexões certas vão começar a te encontrar.

Que a sua vida seja um testemunho vivo do que Deus pode fazer. E que você seja para outras mulheres o que Raquel foi para mim: alguém que enxerga talentos, que incentiva, que impulsiona, que acredita. Porque quando levantamos outras mulheres, Deus nos leva ainda mais alto.

Agora me conta... Qual foi a última vez que você se permitiu enxergar seu próprio brilho?

# ELLYN WANG

Planejadora Financeira
Insta: @ellynwang

Ellyn Wang é planejadora financeira com foco em ajudar a comunidade imigrante brasileira nos Estados Unidos a alcançar independência financeira com inteligência e estratégia. Especialista em comportamento familiar, ela orienta famílias na construção de um futuro seguro por meio de decisões financeiras conscientes. Com uma abordagem prática e acessível, Ellyn compartilha sua jornada empreendedora e experiências pessoais, inspirando principalmente outras mulheres a conquistarem seus objetivos e a se conectarem com oportunidades que transformam vidas.

Hoje lidera o DreamTeam, sua agência de planejamento financeiro que tem mudado a história de milhares de famílias nos eua. Seu propósito é deixar um legado, impactando gerações por meio da educação financeira e do empoderamento feminino.

Começo essas páginas com alegria, mas temor no coração. Pois sei que essas palavras podem impactar a vida de alguma mulher que se deparar com essas páginas no decorrer desses próximos anos. Escrevo pensando em você, mulher, que talvez encontre uma palavra de revelação na história da minha vida.

Aprendi que todos os processos pelos quais passamos nos capacitam para poder ajudar outras pessoas nesse mesmo processo, que agora você já venceu. Estamos todos numa rede interligada de maneira extraordinária, orquestrada pelo criador deste mundo: nosso Deus que, esse sim, é o verdadeiro Deus das conexões.

# INTRODUÇÃO

Começo aqui apresentando essa mulher, a Ellyn, de 42 anos, que teve diversos renascimentos.

Sou filha, esposa e mãe de duas meninas que enchem minha vida de amor e propósito. Sou uma mulher sonhadora, movida pela fé e pela crença de que as conexões certas podem mudar destinos. Amo pessoas, porque acredito que nelas está o reflexo da graça de Deus e que o nosso maior poder está em servir.

Minha jornada me trouxe até os Estados Unidos, onde vivi desafios, recomeços e descobertas. Aqui, através das conexões que Deus colocou no meu caminho, encontrei o meu verdadeiro propósito e o caminho para a prosperidade na vida.

Essa prosperidade passa pelo sucesso profissional e financeiro, mas vai muito além do que o dinheiro pode comprar. Foi aqui neste país, que hoje com orgulho tenho como meu lar, que descobri que a prosperidade está muito mais relacionada com a qualidade de COMO você usufrui do que com a quantidade do que você tem para usufruir. Como profissional da indústria financeira, sempre enxerguei o valor da educação financeira e da estabilidade econômica, mas foi ao me conectar com as pessoas certas que compreendi que a verdadeira prosperidade vai muito além do sucesso financeiro.

Prosperidade é sobre plenitude. É sobre crescer e contribuir. É sobre aprender, ensinar, servir e compartilhar. É sobre viver com propósito e deixar um legado. É a convicção de que a sua passagem deixou um caminho melhor, maior, mais belo. Prosperidade é ter riquezas financeiras somadas a tudo aquilo que o dinheiro não pode comprar.

Neste livro, compartilho histórias de conexões que foram divisores de águas na minha jornada. Histórias que me mostraram que ninguém constrói uma vida próspera sozinho e que Deus sempre usa pessoas para abrir caminhos que jamais imaginamos percorrer.

Espero que ao ler estas páginas, você também possa reconhecer e valorizar as conexões que já fizeram – e ainda farão – toda a diferença na sua caminhada. Porque quando entendemos que a prosperidade está nas conexões, descobrimos que a vida se torna infinitamente mais rica em todos os sentidos.

Moro nos EUA há oito anos. Sou administradora de empresas, com formação no Brasil, e por anos fui joalheira, ramo que eu amo e que treinou meus olhos para o belo e para o perfeito. Aqui nos EUA me reinventei profissionalmente e descobri a carreira que nasci para ter, a minha verdadeira vocação. Hoje tenho muito orgulho em ser Planejadora Financeira e ajudar famílias brasileiras que vivem nos EUA a alcançarem os seus objetivos e sonhos através da Educação financeira.

Eu amo fazer parte da história de vida de tantas famílias, desenhando para cada uma delas uma estratégia para poderem alcançar sua Independência financeira. A missão: ser a pessoa mais importante na vida de alguém no seu momento mais difícil ou no seu momento mais alegre. No momento em que ela vai receber um benefício inesperado ou quando um dia ela puder viver de renda através dos instrumentos financeiros que criamos para ela. Esse trabalho traz para minha vida um propósito sem medidas e me enche de alegria.

Ao longo desses anos fui presenteada com a oportunidade de montar uma agência de Planejadores financeiros. É junto com esse time que eu sinto na pele o que é sucesso: ver o crescimento de todos, ver como cada um teve sua vida transformada através de uma carreira com propósito e, principalmente, enxergar em todos a mesma motivação de servir ao próximo cada vez mais e cada vez melhor. É aqui onde mais me desenvolvo pessoalmente e onde mais tenho a oportunidade de servir aos meus colegas.

Vivemos em um mundo interconectado, onde as relações desempenham um papel fundamental no nosso crescimento pessoal e profissional. O sucesso raramente é fruto do esforço isolado; ele se constrói a partir das conexões que estabelecemos ao longo da vida. Eu quero dividir com vocês, ao longo dessas páginas, o impacto das conexões genuínas, como cultivá-las e como elas podem impulsionar nossa jornada rumo ao sucesso.

As conexões verdadeiras vão além do networking superficial. Elas são construídas sobre a base da confiança, do interesse genuíno e da reciprocidade. Eu acredito demais nisso. Toda boa relação começa com base na confiança: em ser transparente no que você é, de mostrar o seu melhor, de estar plenamente preparado para trazer o seu melhor à mesa. A confiança também é gerada na autenticidade, é transparecer o ser humano por trás de qualquer papel desempenhado. É ser congruente entre o que se faz, se fala, e como se comporta.

As conexões são construídas com base no interesse genuíno. Esta é uma chave muito importante e eu creio que uma conexão autêntica começa realmente quando nos importamos com o que é importante para o outro. A maneira mais forte de se conectar é servindo.

Diz-se muito que só é possível se conectar com pessoas pagando ou servindo. Eu creio que a mais forte é através do servir. As conexões mais fortes que fiz na minha vida foi quando servi de maneira autêntica, me importando com o que era importante para o outro, trazendo a causa do outro para o meu círculo de influência e transbordando de alguma forma na vida desse alguém.

Esse tipo de conexão gera um poder que nenhum dinheiro pode comprar. E gera um senso de reciprocidade e gratidão que vai além.

Uma conexão que nasce no servir gera um sentimento natural, recíproco, por conta do nosso instinto natural de cooperação, nosso desejo de manter um equilíbrio, do nosso senso de justiça. Mas a chave aqui é: faça sem esperar nada em troca. As conexões que construímos são ativos inestimáveis em nossa jornada. Seja no âmbito pessoal, profissional ou espiritual, investir em relacionamentos genuínos pode abrir portas, transformar vidas e criar oportunidades que jamais imaginamos.

## CONEXÃO POR AMOR

Eu começo estas linhas falando sobre uma conexão que mudou para sempre a minha história. Uma conexão que moldou quem eu sou e que me ensinou que o amor verdadeiro não é apenas sobre momentos de alegria, mas sobre crescimento, renascimento e a coragem de caminhar lado a lado, mesmo quando a estrada se torna difícil.

Em meados de 2012, vivendo um período conturbado, de redescoberta da minha identidade, conheci o Fernando. Ele chegou de forma avassaladora, com a intensidade de uma paixão, um refúgio em meio ao caos, uma companhia agradável que alegrava os meus dias e um abraço seguro onde eu podia descansar. Mas, conforme os dias se transformavam em meses, fui descobrindo nele algo muito maior, algo que ainda hoje, depois de 11 anos de casados, faz com que eu me sinta a mulher mais abençoada deste mundo: ele me desafia a ser melhor todos os dias.

Se hoje sou a mulher que sou, é porque tive ao meu lado alguém que nunca me deixou esquecer do meu potencial. Creio que não exista na minha história alguém que tenha acreditado tanto em mim quanto ele. Ele enxergava em mim forças que, muitas vezes, eu mesma não conseguia ver. Ele foi — e sempre será — o maior incentivador do meu desenvolvimento pessoal e profissional.

Digo isso agora com maturidade e entendimento, mas a verdade é que, por muito tempo, confundi esse incentivo com cobrança. Nem preciso dizer quantas crises vivemos por conta desse sentimento. Quantas vezes me senti pressionada, sem perceber que, na verdade, ele estava apenas tentando me mostrar que eu era capaz de muito mais. O tempo e a caminhada lado a lado nos ensinam lições que, às vezes, nosso coração demora a compreender. E hoje eu entendo: ele nunca quis me mudar, ele sempre quis me fazer enxergar a melhor versão de mim mesma.

A nossa história foi marcada por muitos desafios. 2 pessoas diferentes, com backgrounds muito diferentes. Eu cresci ouvindo, todos os dias, minha mãe me dizer: "Você pode casar, mas não pode depender de homem. Não dependa de ninguém, você precisa ser independente". Minha mãe se separou do meu pai quando eu tinha 10 anos de idade. Eu me lembro que o relacionamento deles era muito conturbado, muitas diferenças de ideais, jeito muito diferente de enxergar a vida. Era um ambiente de muita disputa de poder e com bastante atrito. Eu me lembro de ser bem pequena e sonhar, para mim, um ambiente totalmente diferente daquele.

Mas uma das grandes loucuras da vida é que nós muitas vezes reproduzimos o ambiente que não queremos viver. É um ciclo nocivo, uma armadilha, mas eu me vi nessa situação: numa constante disputa de poder. Percebi claramente o desequilíbrio da minha vida. Nós nos casamos em dezembro de 2013 e realizamos juntos o sonho de começar a nossa família. Nossa Sofia chegou no ano seguinte e começou a gerar em nós a vontade de vivermos uma vida mais tranquila, fora da loucura de São Paulo, com mais qualidade e segurança.

Quando Sofia fez 8 meses, fizemos uma viagem para Miami e decidimos alugar um apartamento, para podermos ter mais conforto com uma criança pequena. Foi nessa viagem que o Fernando percebeu que nesses 8 meses ele nunca tinha passado mais do que 48 horas ininterruptas com a nossa filha. Fernando liderava um time de vendas de uma grande imobiliária e a verdade é que ele trabalhava todos os dias da semana, inclusive nos finais de semana. Isso foi um grande choque de realidade para ele.

Ali nasceu no coração dele a vontade de fazermos uma mudança radical nas nossas vidas. Mudarmos de país para termos mais qualidade de vida para nós, mais segurança para nossa filha e vivermos uma experiência nova nas nossas vidas, para que pudéssemos crescer, e depois voltarmos para o Brasil com mais bagagem.

Apesar do desejo de viver essa experiência, eu tinha medo de como seria deixar para trás tudo que havíamos construído até então. Esse é meu lado excessivamente analítico e conservador. Acho que, se fosse por mim, eu nunca teria deixado a segurança do que já conhecia, jamais teria deixado o certo pelo duvidoso. Mas hoje sou grata pelo passo de ousadia a que fui encorajada, pelo meu marido, a dar.

As conexões que criamos têm o intuito maior de nos trazer alegria, confiança, proporcionar o apoio emocional, intelectual, nos estimular diante dos desafios e estimular nossas perspectivas. Se nosso prisma é muito limitado, precisamos "emprestar" a visão de outros para conseguirmos enxergar além. Eu com certeza jamais teria tomado a melhor decisão da minha vida sem o Fernando. Essa conexão foi uma das mais significativas e mudou a minha vida. Ele é meu equilíbrio. Minha coragem quando o medo me paralisa. Minha força quando a exaustão me atinge. Minha alegria nos dias difíceis e meu porto seguro em todos os momentos. Ele é o primeiro a me aplaudir, o primeiro a acreditar, e aquele que sempre estará nos bastidores, organizando cada detalhe para que eu brilhe nos palcos da vida.

Só quem te conhece nos bastidores sabe do seu verdadeiro valor. E ele sabe. Ele vê tudo o que coloco em cada projeto, cada sonho, cada conquista. E ele nunca hesita em me lembrar disso. Ele entende o peso de um elogio sincero, de uma palavra de afirmação no momento certo e sempre reforça a minha capacidade quando sou demasiadamente crítica comigo mesma. Ele é o alicerce invisível que sustenta tudo o que sou e tudo o que faço.

E hoje, olhando para trás, percebo que a minha história não existiria se não fosse por ele. Se não fosse pela sua força, sua fé inabalável em mim, sua paciência e seu amor, eu não teria chegado até aqui. Sim, tivemos dificuldades. Sim, enfrentamos desafios que colocaram à prova tudo o que somos. Mas, se há algo de que tenho certeza, é que sou grata por tudo. Pela sua insistência em me fazer crescer, pela sua presença nos momentos mais difíceis, pelo seu amor que nunca vacilou, mesmo quando eu mesma duvidei e até mesmo desisti.

Fernando, se um dia eu tivesse que resumir nossa história em uma única palavra, seria 'gratidão'. Porque ter você ao meu lado é um presente que Deus me deu. E não importa aonde a vida nos leve, enquanto estivermos juntos, sei que estarei exatamente onde deveria estar.

# CONEXÃO COM DEUS

Se existe uma conexão que transformou não apenas a minha história, mas o destino da minha família, essa conexão é com Deus. Sempre ouvi falar de Deus. Vim de uma família que, culturalmente, não foi apresentada a Deus. Mas desde pequena estudei em escolas de doutrina religiosa, sabia que Ele existia e, de alguma forma, acreditava na Sua presença. Mas a verdade é que saber que Deus existe não é o mesmo que viver uma vida conectada a Ele. Eu já havia experimentado alegrias e conquistas, já tinha ao meu lado pessoas maravilhosas, mas faltava algo. Faltava a certeza de que a minha vida estava sendo construída sobre um alicerce inabalável. Faltava o entendimento de que existe um maestro onipresente e onisciente que cuida de mim além do que meus olhos podem ver.

Foi quando entendi que Deus não queria ser apenas uma parte da minha história — Ele queria ser a própria história. Minha jornada com Ele não começou com grandes sinais ou milagres estrondosos, mas com encontros sutis e transformadores. Com pequenas respostas que me mostravam que Ele sempre esteve ali, mesmo nos momentos em que eu não percebia Sua presença.

Com Deus, descobri que não estava sozinha, que havia um propósito muito maior para mim, para a minha casa, para minhas filhas. Com Ele, encontrei paz nos dias turbulentos, força quando pensei que não conseguiria seguir em frente e direção quando os caminhos pareciam incertos.

Pude viver com Ele momentos em que a Sua presença era tão notável que colocava em xeque todas as convicções lógicas que sempre me guiaram. E sentir uma atmosfera tão incrível, real e indescritível, que se tornou o cerne do que busco, todos os dias. É extasiante estar na presença de Deus e experimentar o Seu amor e a Sua bondade. Isso renovou minha visão de mundo e o entendimento de como eu gostaria de caminhar, daqui por diante. Passar de um estágio de saber que Deus existe a um estágio de estar conectada com Ele, isso sim, eu chamo de metanoia.

A conexão com Deus mudou tudo. Mudou a forma como vejo a vida, como enfrento os desafios, como celebro as conquistas. Mas, acima de tudo, mudou o destino das minhas gerações vindouras.

## O LEGADO DA FÉ

Carrego com gratidão no coração o maior presente que Deus me deu: minhas filhas. Elas são a herança da minha geração e o fruto do amor que Deus plantou em minha vida. Eu olho para elas e consigo materializar o amor de Deus por mim. A maior demonstração de amor de Deus por nós foi nos permitir fazer parte da criação, como novos criadores da vida. E se há algo que desejo mais do que qualquer outra coisa, é que elas cresçam firmadas na fé.

Quero que saibam que não precisam ter medo do futuro, porque o futuro já pertence a Deus. Quero que entendam que sucesso e prosperidade não se medem apenas por conquistas materiais, mas sim pela certeza de que suas vidas têm um propósito eterno. A maior riqueza que posso deixar para elas não está no que construo, mas no que ensino. Quero que aprendam desde cedo que o verdadeiro sucesso está naquilo que ninguém pode tirar delas: a fé, a identidade, a força interior e a certeza de que são amadas por Deus. Mais do que ensiná-las a sonhar grande, desejo que tenham um coração ensinável, que ouçam a voz de Deus e que entendam que não precisam carregar a vida sozinhas. Deus sempre estará ao lado delas, guiando cada passo, sustentando cada decisão. Porque quando estamos ligados a Deus, tudo ao nosso redor ganha sentido. O medo perde força, as incertezas se tornam oportunidades e até mesmo as dificuldades se transformam em aprendizado.

Essa conexão é o meu porto seguro, minha âncora, minha rocha inabalável. E sei que, enquanto eu permanecer n'Ele, minha história continuará sendo escrita com propósito, amor e um destino muito maior do que eu mesma poderia imaginar. Hoje, olhando para trás, vejo como cada detalhe da minha jornada foi moldado por essa conexão.

Se estou aqui, se minha família está aqui, se nossa história está sendo escrita de uma forma tão linda, é porque Deus sempre esteve conosco. Ele nunca nos abandonou. Mesmo nos momentos em que eu não via saída, Ele já tinha um caminho preparado. Por isso, se existe algo que desejo para minha casa, é que essa conexão continue crescendo; que minha família nunca se afaste da presença de Deus, porque é nela que encontramos tudo o que realmente importa; que minhas filhas cresçam entendendo que a maior herança que podem carregar não está no que podemos deixar materialmente, mas no legado de fé, amor e propósito que estamos construindo para elas. E que a nossa casa sempre seja um lugar de fé, um lugar de fartura, um refúgio de paz e um instrumento nas mãos de Deus.

E que, acima de tudo, possamos continuar cultivando conexões que realmente importam: com Deus, com nossa família e com as pessoas que Ele coloca em nosso caminho. Quando estamos conectados a Deus, todas as outras conexões ganham sentido.

## OS AMIGOS DE DEUS

E como prova do Seu amor, Deus não nos chamou para caminharmos sozinhos. Ele nos cerca de pessoas que refletem Seu caráter, Sua graça e Sua bondade. Com Deus vieram os amigos d'Ele, aqueles que se tornaram família, que nos ensinam com suas palavras e, principalmente, com seus exemplos. São esses amigos que alegram nossos dias, que trazem luz para os momentos mais escuros e que nos fazem crescer. Amigos que oram por nós, que nos levantam quando caímos, que nos confrontam quando precisamos mudar e que permanecem mesmo quando não há mais ninguém ao redor.

E posso dizer que Deus foi generoso comigo. Ele me apresentou os seus melhores amigos, para que fossem os meus amigos aqui. Guardo no coração e levo comigo, com muito orgulho, cada um. Tenho um amor que transborda, cheio de memórias de viagens, almoços com risadas e jantares maravilhosos, tarde de oração e noites de louvor.

Palavras de Deus regadas com uma xícara de chá, algo tão simples, mas tão poderoso. Devo dizer que essas conexões me levaram (e ainda me levam) a lugares que não posso descrever. Numa mudança de país, seus amigos se tornam sua família. Alegram os dias, dão leveza e tornam tudo muito mais prazeroso, são meu suporte emocional, conselheiros e com certeza catalisam meu crescimento. Tenho o privilégio de sentar à mesa com pessoas de sucesso que me inspiram a crescer. Não foram encontros aleatórios, mas presentes divinos, colocados em nossa vida no tempo certo. E é incrível perceber como cada conexão trazida por Deus tem um papel específico, como cada amizade adiciona algo único à nossa jornada. Com essas conexões, aprendi que a vida não precisa ser solitária, que a caminhada se torna mais leve quando estamos cercados por aqueles que Deus escolheu para fazer parte dela.

Os amigos de Deus são aqueles que oraram por nós quando nem sabíamos que precisávamos de oração. São aqueles que celebram nossas vitórias sem inveja e permanecem nos dias de dificuldade, sem hesitação. Eles nos ensinam pelo exemplo, pela maneira como vivem, pela forma como amam. São irmãos que a vida nos deu, laços construídos não pelo sangue, mas pelo Espírito.

## AS CONEXÕES PROFISSIONAIS QUE MUDARAM A MINHA TRAJETÓRIA

Além de ser uma planejadora financeira, sou também mentora de carreira. Meu trabalho vai além de atender clientes e ajudá-los a construírem um futuro financeiro seguro; hoje, também treino e desenvolvo novos agentes financeiros, capacitando-os para realizarem o mesmo trabalho que faço. Esse papel exige muito mais do que conhecimento técnico. Ser mentora significa liderar pelo exemplo, multiplicar valores e desenvolver pessoas. Eu me descobri nessa função e com certeza é a área em que me sinto mais realizada.

Isso me desafia diariamente a crescer, a me aprimorar e a me multiplicar. Eu não posso apenas ser boa no que faço, preciso ser capaz de ensinar as pessoas a fazerem o mesmo. Aí está o grande desafio, porque é onde a capacidade técnica de ensinar cruza com a capacidade de compreender o comportamento humano. Minha linha é e sempre será: inspirar mais, cobrar menos. Preciso transmitir não apenas conhecimento, mas visão, propósito e mentalidade. Afinal, liderança não é sobre autoridade, mas sobre influência. E influência só se constrói quando vivemos de forma coerente com aquilo que ensinamos.

Se hoje alcancei o sucesso que tenho, foi porque tive a oportunidade de me conectar com pessoas incríveis. Pessoas que me desafiaram, que me ensinaram e que, de alguma forma, me impulsionaram ao próximo nível. E essa é a beleza das conexões profissionais: elas têm o poder de transformar destinos.

## MINHA IDENTIDADE COMO LÍDER E MENTORA

Ao longo dos anos, passei por um processo profundo de autoconhecimento. Entendi minha identidade como líder e gestora do meu próprio negócio. Descobri e entendi o meu perfil e comecei a enxergar que o que posso transmitir de conhecimento é único: quando entendemos nossa identidade, entendemos o que temos de melhor e conseguimos trazer isso à tona.

Por muito tempo, tentei me encaixar em padrões externos, achando que precisava ser como outras pessoas de sucesso. Mas, conforme amadureci, percebi que o meu valor é somente meu. Eu trago algo único para a mesa, assim como cada agente que trabalha conosco. Cada um de nós tem uma forma singular de contribuir, e é essa diversidade de talentos que fortalece o nosso time.

Por muito tempo me cobrei ser mais como o Fernando, mais sanguíneo, mais ousado, mais determinado. Admirava o fato de ele ser visionário, sonhador, excelente comunicador. Eu enxergava as qualidades dele, mas não conseguia enxergar as minhas próprias. Só com os anos de maturidade é que me tornei capaz de ver que eu nunca seria boa o suficiente, tentando ser quem não sou. Nós escutamos aquelas frases meio cliché, que dizem: você é única, ninguém pode ser como você, mas a verdade é que demorei muitos (e muitos) anos para internalizar isso. Então, talvez você precise ouvir mais uma vez para isso entrar no seu coração: Não perca tempo tentando ser outra pessoa, porque só você pode ser quem Deus te criou para ser!

Mas o que mais me libertou foi aprender a focar naquilo em que eu sou boa. Quando aceitei minha essência e reconheci meus pontos fortes, decidi ser excelente naquilo que faço melhor. Isso me deu um senso de capacidade que levei anos para conquistar. Eu parei de tentar ser tudo para todos. Eu parei de lutar contra as minhas características naturais. Em vez disso, abracei quem eu sou e potencializei minhas habilidades. Esse entendimento foi transformador, porque quando você sabe o que faz melhor do que ninguém, você aprende a confiar no seu próprio talento. E isso não tem a ver com arrogância, mas com entender qual o talento único que Deus colocou em você. Eu entendi que minha área mais forte é ENSINAR. Aqui eu me realizo, aqui eu sou reconhecida e elogiada pelo meu desempenho. É a área em que consigo traduzir as informações para uma linguagem que eu creio que seja mais fácil de todos entenderem.

E, com isso, veio um novo aprendizado: eu não preciso competir com ninguém além de mim mesma. Aprendi que a única comparação saudável é aquela que faço com a minha versão de ontem. Toda outra é nociva e tóxica. Hoje, meu objetivo não é superar os outros, mas me superar todos os dias. A minha competição não é com o mercado, não é com outras empresas, não é com outros líderes. Minha competição é interna: eu contra mim mesma, buscando sempre crescer, aprender e evoluir. Isso mudou completamente minha mentalidade como empreendedora. Parei de me preocupar com validação externa e passei a me perguntar:

- Estou melhor hoje do que ontem?
- Estou crescendo como líder e mentora?
- Estou sendo uma referência para minha equipe?

Cada dia é uma nova oportunidade para fazer mais, ser melhor, crescer um pouco mais. E essa busca constante pela minha melhor versão é o que me mantém em movimento.

## A GRATIDÃO PELOS QUE CAMINHAM COMIGO

Sou imensamente grata a cada pessoa que fez – e ainda faz – parte dessa jornada. Cada profissional que entrou para o nosso time trouxe algo único, algo que agregou valor à empresa e à minha própria evolução como líder e empreendedora. Hoje eu posso dizer, sem medo: tudo o que faço é muito mais pelo sucesso deles. É com essa mentalidade que atendo cada ligação, respondo cada mensagem e preparo cada treinamento durante a semana. Eles me desafiam todos os dias a ser melhor e eu exijo isso de mim. Eles me fazem crescer, sair da zona de conforto e acreditar que sempre há níveis cada vez maiores de entrega e excelência.

Hoje, grande parte das conexões profissionais se tornam grandes amizades, laços que transcendem os negócios e se transformam em relacionamentos de confiança, parceria e respeito e principalmente amizade. Tenho aprendido que liderar não é apenas delegar tarefas ou traçar estratégias. Liderar é realmente se conectar. É realmente se doar pela outra parte, dar o seu melhor para que o outro tenha sucesso. É sobre ser rio e não represa. Quando vejo profissionais se dedicando, colocando o coração no trabalho e honrando a nossa visão, sinto que estamos construindo algo muito maior do que apenas uma empresa – estamos construindo um legado.

Essas conexões profissionais são os meus amigos estratégicos. São aqueles que caminham comigo rumo ao futuro, que compartilham da mesma missão e que acreditam na grandeza do que estamos construindo juntos.

• Eles não têm medo de desafios, pois sabem que crescimento

exige esforço.

• Eles vestem a camisa da empresa porque compreendem que fazem parte de algo maior.

• Eles honram minha liderança porque sabem que liderança não é sobre poder, mas sobre servir.

• Eles me impulsionam, porque sabem que quando eu cresço, todos crescemos juntos.

Nada me traz mais alegria do que ver essas pessoas prosperando, realizando seus sonhos e crescendo dentro daquilo que escolhemos construir juntos. É aqui que vejo que o real sucesso não é individual – ele é coletivo.

## O PODER DAS CONEXÕES CERTAS

Hoje, olho para tudo o que foi construído e vejo o impacto que cada conexão profissional teve na minha história. Nenhuma delas aconteceu por acaso. Deus, em sua infinita sabedoria, colocou as pessoas certas ao meu lado no momento certo. Algumas permaneceram, outras seguiram novos caminhos, mas todas deixaram marcas e ensinamentos valiosos.

Se eu pudesse deixar uma mensagem para quem deseja construir algo grandioso na vida profissional, seria esta: conecte-se SERVINDO. Construa relacionamentos com pessoas que tenham sede de crescimento, que compartilhem sua visão e que estejam dispostas a dar o melhor de si. O sucesso não vem apenas do talento ou do esforço individual – ele é impulsionado pelas pessoas com quem escolhemos caminhar.

Sou eternamente grata a cada um que faz parte da minha jornada. Vocês são a razão do meu crescimento e do crescimento da nossa empresa. E, juntos, sei que podemos ir ainda mais longe.

Depois de tudo o que vivi, aprendi que a melhor maneira de se conectar verdadeiramente com as pessoas é servindo-as. Servir não é apenas um ato de bondade, mas uma demonstração de propósito. Conexões reais e profundas não são construídas sobre interesse, mas sobre generosidade.

Servir é transbordar. É compartilhar o que temos, não apenas com as mãos, mas com o coração. É reconhecer que cada talento que recebemos, cada dom que nos foi confiado, não foi dado para ser guardado, mas para melhorar a vida do outro. E quanto mais servimos, mais nos conectamos. Quanto mais nos entregamos, mais crescemos. Porque no final das contas, a verdadeira prosperidade não está no que acumulamos, mas no impacto que deixamos na vida das pessoas.

Mas para que possamos servir com o coração leve, precisamos primeiro conhecer quem somos. Quando descobrimos nossa identidade, entendemos que não precisamos competir, provar nada para ninguém ou temer a escassez. Sabemos que tudo o que carregamos dentro de nós tem um propósito muito maior do que apenas nos beneficiar.

Cada habilidade, cada aprendizado, cada conexão que construímos ao longo da vida faz parte de um plano muito maior. Quando usamos tudo isso para contribuir com a jornada de outra pessoa, a vida ganha um novo significado. Não há vazio para quem vive para multiplicar. A vida é um ciclo de entrega. A generosidade gera mais generosidade. Quando decidimos servir, inspiramos outros a fazerem o mesmo. E assim, uma única conexão pode mudar não apenas uma história, mas várias gerações.

Deus é a fonte inesgotável de tudo o que precisamos. Quanto mais nos conectamos com Ele, mais aprendemos a viver sem medo. Porque quando Ele é a base da nossa vida, entendemos que não há perda no ato de servir, há multiplicação. Não existe risco em doar amor, tempo, talento e sabedoria, porque Deus nos abastece continuamente. Quanto mais damos, mais recebemos. Quanto mais transbordamos, mais somos preenchidos.

Escrever este livro foi mais do que compartilhar minha história – foi um convite para que você também reflita sobre as suas conexões. Espero que, ao fechar estas páginas, você tenha um novo olhar sobre as pessoas que Deus colocou no seu caminho. Que você perceba o valor de cada encontro, de cada amizade e de cada momento em que pôde servir alguém. Se existe um legado que quero deixar, é este:

• Sirva com o coração, sem esperar nada em troca.
• Transborde a vida de outras pessoas com generosidade.
• Multiplique o que você recebeu.
• E confie que Deus, a Fonte inesgotável, cuidará do resto.

## CONCLUSÃO: O MAIOR EXEMPLO DE CONEXÃO

Se há alguém que nos ensinou o verdadeiro poder das conexões, esse alguém foi Jesus. Ele não construiu impérios, não acumulou riquezas, não buscou prestígio humano. Ainda assim, mudou a história da humanidade para sempre.

• Jesus era Rei, mas veio como servo.
• Ele tinha todo o poder, mas escolheu a humildade.
• Ele poderia ter vivido cercado de riquezas, mas andava entre homens comuns.
• Ele não construiu castelos, mas foi chamado de Rei dos Reis.
• Ele poderia ter sido servido, mas escolheu lavar os pés dos seus discípulos.
• Ele poderia ter permanecido intocável, mas decidiu tocar os leprosos, os rejeitados, os esquecidos.
• Ele poderia ter exigido honra, mas decidiu dar a própria vida por amor.

Jesus nos mostrou que o verdadeiro poder está no serviço. Que a maior conexão que podemos ter com o outro é através da entrega, da compaixão, do amor sem reservas.

Ele nos ensinou que o caminho para a grandeza passa pela humildade. Que quem deseja liderar precisa aprender a servir. Que quem deseja receber precisa primeiro aprender a dar. E, acima de tudo, Ele nos ensinou que não existe medo de falta quando se tem acesso à fonte inesgotável.

# KRISTIE MIYAMOTO

Cineasta, Atriz, Modelo e Fotógrafa.
Site:www.kmfilms.us
Insta: @kristiemiyamoto_kmfilms

Kristie Miyamoto é uma visionária na arte de revelar a essência humana. Foi a primeira oriental a assinar contrato como atriz na Rede Globo. Sua trajetória inclui especialização em Cinema na Austrália e cursos na NY Film Academy. Em conexão com o Consulado Brasileiro, sua KM Oficina de Atores & Modelos, no Japão, lapidou mais de 500 talentos que hoje brilham ao redor do mundo, enraizados na filosofia do curso: amor ao próximo. Hoje, nos EUA, à frente da KMFilms, em Dublin, Ohio, Kristie segue com sua paixão pela câmera, proporcionando experiências que transcendem a fotografia — da direção ao layout final. Para a diretora, cada ser humano é um diamante em lapidação — um universo vibrante de possibilidades, conexões e vibe única.

# PREFÁCIO

A vida, um quebra-cabeça? Algumas peças chegam com força — pessoas e oportunidades que mudam tudo de repente. Outras se revelam nos silêncios, nas pausas que nos convidam a olhar para dentro. Foi nesse espaço de calma que aprendi a me escutar.

Sempre confiei na sabedoria do tempo e na força da conexão interior. Às vezes, tudo o que preciso é de uma pausa ou uma noite de sono, porque sei que, ao lançar uma pergunta ao universo, a resposta sempre retorna como um sussurro divino. Somos a criação mais bela de Deus e temos, sem dúvida, um WhatsApp direto com Ele — basta nos conectarmos. Deus sempre responde, como um Pai amoroso que vibra com a nossa felicidade. Um dia, entendi que o verdadeiro sucesso nasce dessa conexão: com o divino, com o universo e, acima de tudo, com nós mesmos. E se há uma peça essencial nesse quebra-cabeça, é a Gratidão — ela me ensinou a valorizar cada passo, inclusive os desafios, mesmo quando pareciam não fazer sentido. Neste capítulo, compartilho as peças que busquei e aquelas que se conectaram inesperadamente. Que este encontro possa te inspirar a encontrar uma nova peça para o quebra-cabeça único da sua história. Lanço ao universo um sincero pedido: que um dia eu tenha o privilégio de nossos caminhos se cruzarem. Porque, como na canção: ...um dia todos já seguramos a chave e vimos as peças se moverem... Viva la Vida!

## I – O QUE NÃO NOS MATA, NOS DEIXA MAIS FORTES

Com seis meses de idade, ainda um bebê molinho, daqueles que parecem um pacotinho frágil de amor — afinal, naquela época, bebês até nasciam de olhos fechados! Eu estava começando a sentar, explorando o mundo ao meu redor, quando um acidente marcou minha vida para sempre. Minha babá, que passava roupa, saiu para atender o telefone por um instante, sem imaginar o que estava prestes a acontecer. Nesse breve intervalo, meu carrinho deslizou até a mesa de passar. Um ferro antigo, enorme e ainda ligado, com fio preto e vermelho, tombou pesadamente ao ser puxado por minhas mãozinhas curiosas. Escorregou pela minha barriga e parou sobre minhas pernas e pezinhos. O calor selou minha pele como brasa viva em papel fino.

Do outro lado da casa, minha mãe não ouviu nada — só sentiu. Guiada por um instinto inexplicável, correu e chegou até mim antes mesmo do primeiro choro. Conta que chorou antes de mim, ao retirar o ferro em desespero; me tomou nos braços e correu ao hospital. As queimaduras cobriram grande parte do meu corpo. Os médicos consideraram amputar minhas pernas. Mas meu pai — ah, meu pai! — não aceitou. Inconformado, buscou alternativas. Sou descendente de japonês por parte de pai e de espanhol, português e inglês por parte de mãe. Uma avó budista, outra católica — ambas unidas pela fé, sugeriram procurar um homem conhecido por suas bênçãos. Meu pai dirigiu por horas. Minhas avós enrolaram folhas de bananeira em minhas pernas para evitar que se tocassem. O benzedor soprou, orou e... evitou o pior. As cicatrizes me acompanham até hoje. E a elas — com gratidão — devo muito do que conquistei.

## II – MEU PAI: PALAVRAS CERTAS NA HORA CERTA

Um dia, na casa da minha avó, estávamos todos assistindo ao programa "Chacrinha". As chacretes dançavam com leveza, e eu, com apenas cinco anos, achava tudo fascinante. Olhei para meu pai e perguntei: "Pai, para ser bailarina do Chacrinha tem que ter pernas perfeitas, sem cicatrizes?" Ele sorriu e respondeu, com sua sabedoria serena: "Tata, elas são escolhidas pelo sorriso. Quando você sorri, seu rosto se ilumina e ninguém repara em mais nada. O perfeito não está no que se vê, mas no que se sente. E o seu sorriso faz sentir algo tão valioso, que nenhuma cicatriz pode vencer." Aquelas palavras mudaram tudo. Cresci tranquila, sorrindo, sem vergonha das minhas marcas. Afinal, vindo do meu pai, era lei. Se ele falou, está falado.

Havia um vizinho que meu pai sempre comentava — nunca nos cumprimentava, passava como se fôssemos invisíveis. Até que, numa madrugada silenciosa, batidas urgentes soaram na porta. Era ele, aflito, pedindo ajuda para levar o filho ao hospital. Meu pai pegou as chaves do carro e foi, ficou lá a noite inteira. Depois disso, tudo mudou. O vizinho nunca mais saiu do muro, virou amigo. Curiosa, perguntei a meu pai por que ele havia ajudado quem o ignorava. Ele respondeu: "Tata, quando alguém te pedir ajuda, ajude. Não importa se é amigo ou estranho. E se vier um 'obrigado', ótimo. Se não, tudo bem também." Eu tinha oito anos, e absorvi aquela lição com o coração aberto. Naquele instante, meu pai me conectou, sem saber, a algo maior: a generosidade que não espera aplauso. Foi quando entendi que ajudar é um ato puro, que nasce da gratidão pela vida e se transforma em conexão com tudo o que há de mais divino em nós.

## III– MINHA AVÓ, MINHA BATCHAN

Cresci ouvindo meu pai narrar, de forma vívida, as histórias da nossa família, sempre com um brilho nos olhos. E quando falava da minha Batchan — avó, em japonês—o orgulho era visível, pulsava em cada palavra e revelava a profunda admiração que ele sentia por ela. Batchan foi uma figura de destaque em Apucarana — cidade onde nasci, no Paraná —, a ponto de uma rua levar seu nome em reconhecimento à sua trajetória e contribuição para o desenvolvimento da cidade. Minha avó, Sizuko Miyamoto, ainda menina, enfrentou uma vida de trabalho árduo enquanto criava cinco filhos. Saía de casa antes do amanhecer, levando-os ao campo. As duas meninas, ainda engatinhando, e os três meninos — meu pai, o mais velho, ainda pequeno — ficavam por perto enquanto ela trabalhava.

Sozinha, cultivava algodão em três alqueires de terra, do nascer do sol ao entardecer. Depois, buscava as crianças pelo mato, levava-as para casa, preparava o jantar, dava banho, colocava-as para dormir e, à noite, lavava e costurava roupas. Todas iguais, feitas de um único tecido. Nas fotos antigas, mesmo em preto e branco, eu via as crianças como um time. Uniformizadas da cabeça aos pés. Para mim, aquilo não era sobre economia – era um símbolo de união. Por anos, eu quis usar roupas iguais às das minhas primas, e até hoje carrego essa tendência. Admito: adoro combinar looks com minhas amigas. Pode rir, mas, fazer o quê? Essa sou eu, sem filtros! Rss!

O que começou como um desejo inocente de pertencimento se transformou em algo muito maior: a compreensão de que as conexões são a verdadeira essência da vida. Sempre valorizei os pequenos gestos, os detalhes que aproximam as pessoas, os laços que nos unem de maneira única. Sem que eu percebesse, essa busca por conexão me fortaleceu, moldou minha trajetória e continua guiando meus passos. Com o tempo, entendi que minha felicidade vai além de conquistas pessoais – ela nasce do desejo de caminhar junto, somar e ver o outro crescer. Porque não há verdadeira alegria, se quem está ao nosso lado ainda carrega tristeza. Mais tarde, quando morei no Japão, percebi que esse sentimento já fazia parte da cultura japonesa.

Lá, as crianças vão uniformizadas para a escola, sem joias ou acessórios chamativos, até os cortes de cabelo seguem um padrão. Tudo isso para que ninguém se sinta acima ou abaixo de ninguém, mas sim parte de um todo. Essa ideia me marcou profundamente. Desde então, passei a enxergar a vida com esse olhar: como um espaço onde crescemos juntos, não para competir, mas para nos apoiar, celebrar e, com certeza, até torcer para que o outro vá além de nós.

Ditchan (avô, em japonês) tinha uma transportadora e, naquela época, o transporte de mercadorias era feito com burros. Enquanto ele trabalhava com doze animais, levando carga de cidade em cidade, minha avó dedicava-se incansavelmente à plantação de algodão. Eles sempre deixavam alguns dos burros descansando, alternando-os entre as viagens. Como criança, eu adorava essa parte da história, sentindo um profundo respeito pelo cuidado com os animais. Eu imaginava os burros sendo guiados para um merecido descanso, e isso me fascinava.

Ao longo dos anos, com seu trabalho árduo, minha avó conseguiu economizar uma quantia significativa, fruto de sua dedicação incansável.

## IV – FONTE DA JUVENTUDE!

Com o dinheiro que economizou, minha Batchan transformou sonhos em realidade. Em Apucarana, abriu lojas que eram mais do que comércios — verdadeiros refúgios de encanto. O Bazar Indiana, o maior da cidade, pulsava com vida própria. No Natal, brinquedos cintilavam nas prateleiras; no armarinho, rendas e botões guardavam histórias silenciosas. Quando meu avô decidiu se mudar para São Paulo, ela, já habituada à capital, investiu em um hotel — a Hospedaria Miyamoto, na Rua Galvão Bueno. Não era só um hotel, era um pedaço do Japão no coração da metrópole. À porta, meu avô recebia os hóspedes com elegância e doçura. Mas, para mim, o coração da hospedaria era o jardim japonês. Aos cinco anos, eu me perdia observando as carpas coloridas que nadavam tranquilas. Meu avô, cúmplice do meu fascínio, amarrava pedaços de pão num barbante, e juntos ríamos enquanto eu fingia pescá-las, só para alimentá-las. Na entrada, de uma pedra côncava jorrava um fio de água cristalina. Todas as manhãs, ele lavava o rosto ali e dizia:"Esta é a fonte da juventude." E eu acreditava, com toda a alma, só para que ele nunca envelhecesse.

Naquela época, meu Ditchan, meu Dede, era meu herói. Eu o admirava profundamente e acreditava que toda a prosperidade da família vinha da força dele. Ele e seu irmão japonês uniram economias e abriram, juntos, a primeira loja em Apucarana. Cada um investiu metade do capital. Mas, nos primeiros anos, o negócio enfrentou dificuldades. E então veio o golpe mais duro: tomado por um sentimento de vergonha profunda por ter comprometido o dinheiro da família, seu irmão cometeu harakiri — o ritual japonês de suicídio por honra. Mesmo sem compreender totalmente, senti o peso desse gesto trágico atravessar as gerações. Não foi só uma perda, foi uma ferida ancestral que marcou nossa história com silêncio, dor e reverência. Foi ali que aprendi, mesmo tão pequena, que certas conexões ultrapassam a vida. E que há atos que, por mais extremos, são também expressões de um amor desesperado — por honra, por lealdade, por não querer decepcionar. Até hoje, quando penso nele, sinto um misto de dor e gratidão. Dor pela ausência. Gratidão pelo legado.

Descendemos de uma linhagem direta de samurais e, naquela época, antes da forte influência do Budismo em nossa família, ainda se mantinha a crença ancestral de que, diante de um fracasso profundo, tirar a própria vida era visto como penitência e redenção. O harakiri, ou seppuku, era uma tradição milenar entre os samurais, um ritual de coragem diante da desonra. Esse episódio abalou os primeiros anos da sociedade, mas meus avós não recuaram. Quando a viúva de meu tio-avô se casou novamente e deixou a cidade, meus avós seguiram firmes, construindo o legado da nossa família com resiliência e lealdade. Duas décadas mais tarde, aquela pequena loja se tornaria a maior de Apucarana. Fiéis aos valores herdados da cultura japonesa, calcularam o valor da empresa, separaram metade e foram até a viúva para entregar o que consideravam justo. Ela recusou, disse estar bem, mas eles insistiram. Para meus avós, cumprir a palavra era inegociável. Essa postura vinha da alma japonesa — uma relação com o dinheiro regida pela disciplina e pelo respeito. No Japão, aprendi depois, não se deixa troco no balcão: seria desrespeito. Cada centavo tem valor e honra.

Percebo hoje como essa herança silenciosa vive em mim. Sinto uma conexão profunda com esse legado que me ensinou que dignidade está nas pequenas escolhas, na palavra cumprida, nas dívidas honradas, mesmo quando o tempo poderia nos deixar esquecer. Crescendo, compreendi quem era a verdadeira força por trás de tudo: minha Batchan. Sem jamais ter frequentado uma escola, parecia carregar um MBA invisível. Fazia contas enormes de cabeça, nunca esquecia um aniversário e adorava nos presentear. Com sabedoria, economizou, expandiu o negócio com intuição e investiu com ousadia em São Paulo. Enxergava longe. Transformava esforço em oportunidade. Foi ela quem moldou, com mãos firmes e discretas, os alicerces da nossa história.

Nasci na época de ouro da nossa família, na casa da minha avó japonesa. Uma construção sólida, com traços orientais que chamavam a atenção, na Rua São Demétrio Moreira — especialmente pelos Landaus pretos, reluzentes, nas garagens laterais. Na entrada, um tanque de carpas refletia o céu, enquanto o chafariz molhava as pedras do jardim zen, cercado por jasmins que, até hoje, perfumam minhas lembranças.

## V – MÃE JANDA, SINÔNIMO DE AMOR AO PRÓXIMO

Ao lado da nossa casa, como um presente do destino, havia o abrigo acolhedor da casa azul-celeste, com varanda rendada em madeira e flores ao redor. Ali morava minha avó materna — minha avó brasileira. Mãe Janda, espanhola de olhos verdes e vestido florido abaixo dos joelhos, parecia abraçar o mundo com o coração. Em Apucarana, todos a conheciam pela fé inabalável e pela generosidade que brotava dela como água de mina. Meu pai dizia ter presenciado milagres — pessoas voltando a andar — após os banhos de ervas e orações da Mãe Janda. Era como se a presença de Deus vivesse em cada gesto seu. Contar sua história foi como reviver, palavra por palavra, o sopro divino que ela espalhava por onde passava. Com o coração nutrido por essa conexão, sei que o próximo roteiro virá na mesma vibração: sobre meu tio Edison Lima, outro ser de luz que, em sua simplicidade e voto de pobreza, já transformou milhares de vidas.

Quando eu dormia na casa da Mãe Janda, acordava cedo, antes mesmo do sol. O som alegre da rádio sertaneja se misturava à sua voz, que cantava enquanto moía café na máquina manual presa à parede. Era como se ela acordasse a casa para celebrar a vida, com seu sorriso iluminando até os dias nublados. Mas o que mais me marcou foi sua forma de acolher os necessitados. Sua casa era um porto seguro para quem tinha fome. Era comum ver andarilhos sentados na varanda, recebendo um prato quente e um olhar de amor. Mesmo com panelas pequenas e uma cozinha de fazenda, o fogão à lenha de Mãe Janda jamais esfriava. Sempre havia arroz fresco, feijão fumegante, carne ou linguiça secando acima do fogão. Preparava e servia com alma, como quem transforma a simplicidade em gesto de profunda compaixão. Aos domingos, colocava seu véu e caminhava até a igreja para a missa na catedral, com firmeza e devoção. E todos os dias, às seis da tarde, mesmo em meio às tarefas, fazia uma pausa silenciosa para escutar o programa católico "Hora do Angelus", sempre iniciado com a Ave-Maria. Essa mulher, com sua força doce e fé silenciosa, me ensinou que servir é a expressão mais verdadeira da conexão com Deus. E a ela, minha eterna gratidão.

## VI– MINHA ADOLESCÊNCIA

Menos de uma década se passou e me reencontro adolescente, sentada diante do microfone da Rádio Educadora, conduzindo a Hora do Angelus ao lado das irmãs do convento e do meu amigo inseparável, Ique. Jacarezinho, no norte pioneiro do Paraná, era agora o nosso lar — cidade para onde meu pai nos levou ao comprar o Hotel Avenida, pano de fundo de muitas das minhas memórias. Até hoje carrego esse tempo como abrigo silencioso, e grande parte dessa força veio da minha conexão com Ique, meu companheiro de fé. Estudante de teologia, ele me ensinou sobre generosidade e sobre a palavra de Deus. Vinha de uma família de posses, mas não ligava para bens materiais. Um dia, ao sairmos de sua casa, a mãe dele me pediu:

"Cris, por favor, não deixe o Ique dar essa blusa nova. Ele tem mania de tirar a própria roupa e doar na rua..."No guarda-roupa, havia sempre o mínimo. Ele doava o que tinha, com o coração leve. Juntos, participamos de projetos sociais e reabrimos a capela do Colégio Cristo Rei. Criamos a Rádio Pastoral, onde falávamos sobre Deus no recreio, enquanto os colegas corriam pelo pátio. Era a nossa missão: levar fé e esperança. Eu estudava com afinco. Ique, um fenômeno — não estudava, mas só tirava 10. Foi aprovado em Direito antes de terminar o segundo grau e, aos 21, já havia passado duas vezes no concurso para juiz. Que presente o Brasil recebeu!

Em casa, meu pai, mestre em Matemática e História, era rigoroso. Minha mãe, impecável em Português e Redação, também era exigente. Nota 9 era aceitável, mas 10 era regra! (risos) Só depois dos estudos, eu corria para o que mais amava: a Pastoral Infantil. Nós nos reuníamos para planejar ações solidárias, quermesses, e ensaiar músicas para a missa. Foi essa conexão com a fé e com a comunidade que me sustentou nos momentos mais difíceis. Aos 17, passei em primeiro lugar em uma universidade estadual. E mais: venci o teste físico, superando todos os calouros na corrida de longa distância. Tudo perfeito – até cruzar a linha de chegada... e ir direto para a ambulância! Sangue de samurai funciona... até não funcionar! (risos)

Ser filha de samurai era, de fato, um treinamento constante. Aos nove anos, meu pai nos levava a um rio de correnteza forte. Sem hesitar, nos lançava na água. Era sua forma de ensinar: manter a calma, encontrar a saída. Ele observava, sem intervir. Quando saíamos, exaustos e machucados, minha mãe nos acolhia em silêncio com toalhas quentes. Meu pai, orgulhoso, dizia: – Muito bom. Semana que vem, fazemos de novo.

Sou imensamente grata aos professores do Colégio Cristo Rei. Com mestres tão dedicados, cada centavo investido na educação valeu ouro. E há também os amigos daqueles anos dourados, com quem sigo conectada até hoje. Criamos um grupo de WhatsApp chamado "8ª Série Cristo Rei", estampado com a foto do nosso inesquecível professor, Johann Probst. Naquele tempo, entre as turbulências familiares e as incertezas da juventude, encontrei consolo na música. O LP Um certo Galileu, presente do Ique, foi um bálsamo. Suas canções criaram uma conexão com minha alma, curando feridas que eu mal sabia nomear. Décadas depois, essa mesma trilha embalou o sono da minha sobrinha, que só adormecia no meu colo, ao som dessas melodias. Cantando baixinho, criamos um laço invisível – uma conexão profunda feita de amor e esperança. Um dia, brincando pela casa, Ayumi começou a cantarolar uma dessas canções. E ali, ouvindo sua voz ecoar no ar, me emocionei e compreendi que eu havia passado algo maior que palavras – um legado silencioso de amor, conexão, cura e esperança E talvez, ao virar estas páginas, você também encontre uma canção esquecida no seu coração.

## VII – O DUELO DO SALTO ALTO

Aos 15 anos, enfrentei meu primeiro concurso de beleza: Rainha das Sereias. A passarela, cercada por flores e luzes, pulsava de elegância no clube dos Papagaios. Era o meu primeiro baile! A vencedora foi minha querida amiga Marili, filha do prefeito – e fui eu quem a maquiei. Nós nos produzimos juntas na casa dela, entre risos e expectativas. Quando ela venceu, meu coração explodiu de alegria. Senti que, de algum modo, eu também havia vencido – só que de outro jeito. Lembro com clareza do meu próprio desfile: um duelo silencioso com o traiçoeiro Salto Alto. A cada passo, desafiava a gravidade, rindo por dentro: se eu caísse, pelo menos cairia direto na piscina (risos). Mas adorei a experiência! E decidi ali que aquilo era só o começo. Só precisava vencer o salto que havia me vencido.

E então comecei meu treinamento pessoal: depois da escola, passava o dia de salto. Subia escadas, arrumava o quarto, atravessava a casa como quem cruza uma passarela. À noite, minha mãe, minha cúmplice silenciosa, mergulhava meus pés doloridos numa bacia com água quente e sal. Nunca questionava, apenas apoiava – com a fé serena de quem acredita até nos sonhos mais improváveis. Sempre ouço sua voz: "Cris, se você ainda não conquistou algo, é porque ainda não quis de verdade". Era essa conexão com a força dela, refletida no brilho firme do olhar, que me impulsionava. Como se, através dela, eu acessasse algo divino. Meu verdadeiro "diploma de andar para arrasar" veio quando conheci Abel – sim, o mesmo amigo da Grazi Massafera. Desde cedo, um cabeleireiro visionário. Percebeu minha determinação e formou um comitê de anjos da moda para me preparar. Entre eles, dois nomes inesquecíveis: o querido Zebrinha e meu amado Tio Garcia (tio do Ique), que me ensinou que desfilar é contar uma história com o corpo. Foi com eles que meus passos ganharam alma. E assim, entre tropeços e coragem, descobri que a vida é uma passarela cheia de surpresas – e que, com fé, a gente aprende a desfilar até pelos caminhos mais escorregadios. Claro, meu pai abominou a ideia. Proibiu os concursos. Para mim, aquilo era inconcebível. Ele sempre dizia que eu poderia ser o que quisesse — por que agora me impedir? Eu tinha plena consciência das minhas cicatrizes e do meu dentinho canino teimoso, que prendia o lábio quando eu sorria. Mas dentro de mim havia uma sede: eu queria falar ao microfone, representar minha cidade, encantar com o que meu pai sempre me ensinou:

"A perfeição não é para ser vista, é para ser sentida. O sorriso sincero ilumina o caminho."

Minha mãe, talentosa modista, costurava vestidos deslumbrantes. E, quando os concursos eram fora de Jacarezinho, a prefeitura — gratidão eterna ao prefeito Dr. Manuel e à Dona Lurdinha — nos cedia uma Kombi com motorista. Eu levava junto minha comitiva animadíssima. Afinal, sempre voltava com um título. Meu pai só descobria no dia seguinte, com o jornal na mão: faixa, coroa, flores...E eu, sorrindo com meu dentinho encavalado. Castigo por uma semana. Depois... lá ia eu de novo. Guardo até hoje a manchete na Folha de Londrina:

"Cristina Miyamoto: 16 concursos invicta. Agora, as candidatas se recusam a competir se ela estiver na disputa." Eu amava representar minha cidade e vibrava com cada vitória. Mas, na verdade, ganhar nunca foi o objetivo. De longe, eu nem era a mais bonita. Quem via o jornal talvez pensasse: "Quanto será que o pai dela pagou por isso?" (risos) O que ele, grande opositor dessas aventuras, talvez nunca tenha entendido, é que foi justamente o sorriso que ele me ensinou a cultivar — lá atrás, aos cinco anos — que se tornou meu maior aliado. Essa conexão entre o sorriso e o amor genuíno pelas pessoas foi o que abriu portas, coroas e corações. Eu queria que todas as meninas entendessem que a beleza não é pra ser vista e sim sentida. Gratidão pela vida! E o que eu ainda não sabia... é que aquele sorriso, nascido da inocência, me guiaria para palcos muito maiores. Conquistas que nem os meus sonhos mais ousados ousariam imaginar.

# VIII – O PRIMEIRO ATO DO MEU DESTINO

Foi nessa mesma época que uma companhia de teatro desembarcou na cidade para montar uma peça com atores locais. Fiz o teste e, para minha surpresa e alegria, conquistei o papel principal. E como em um roteiro já conhecido, meu pai não hesitou: me proibiu terminantemente. Mas minha mãe, minha aliada leal, sabia que o palco me chamava. E lá estava ela, todas as tardes, me ajudando a atravessar a janela alta do meu quarto, rumo aos ensaios. Prevenida, avisei o diretor sobre o risco de um imprevisto, e ele, sensato, escalou uma substituta, só por precaução. Os ensaios se estenderam por meses e, como era de se esperar, a verdade não demorou a bater à porta. O cartaz do espetáculo foi colado na entrada do CAT, o teatro da cidade, com meu nome estampado no centro. Para mim, tudo estava fluindo – positividade pura, ingênua da cabeça aos pés. Na noite da estreia, já pronta e com as falas ecoando por todo meu corpo, ouvi o som metálico do cadeado sendo trancado do lado de fora. Antes que eu pudesse reagir, meu pai entrou no quarto e decretou: "Você está de castigo... por tempo indeterminado! Não quero você perdendo tempo com bobagens que não vão te dar futuro. Filha minha não vai ser atriz!" incrédula, rebati, entre lágrimas: "Mas pai, você não perde os Trapalhões, o Chico Anysio, o Fantástico... o senhor e a mamãe veem novela todos os dias!" Ele respirou fundo e sentenciou: "Virar atriz da Rede Globo é mais difícil que ganhar sozinho na loteria. E me diga: já viu algum oriental na televisão?"

Foi como se o chão tivesse sumido sob meus pés. Chorei até o amanhecer. Naquele momento, o sonho parecia impossível. Mas o que meu pai não sabia – e nem eu – é que, em dez anos, exatamente uma década depois, eu me tornaria a primeira atriz oriental a assinar contrato com a Rede Globo. O universo tem suas próprias formas de dar a última palavra. Foi essa conexão silenciosa com um sonho que rompeu limites e desafiou o improvável. Porque quando o coração pulsa forte o bastante, até o impossível se curva. Viva La Vida!

# IX – UMA DÉCADA DE CONEXÕES VALIOSAS

Logo que peguei o canudo, vi um sonho antigo ganhar forma: abri minha própria academia. Aquele desejo, que há anos pulsava no peito, enfim se materializou. Na primeira semana, o espaço — antes só um esboço na mente — transbordou de vida. Trezentos alunos cruzaram as portas, trazendo energia e sorrisos. Durante os anos de UEPG, construí laços profundos ensinando aeróbica, lambada e jazz em clubes e academias da cidade. E ali estava a mágica: conexões de afeto e confiança floresceram e me trouxeram de volta tantas outras. Parecia que um fio invisível reunira todos sob o mesmo teto. Uma grande família. Meus alunos eram a centelha dos meus dias. Eu acordava antes do sol nascer e era a última a sair. Mesmo quando o silêncio tomava conta e a faxineira já tinha ido embora, eu permanecia lá, alinhando halteres como quem cuida, peça por peça, de um sonho delicado.

Minha mãe sempre me dizia: "Não importa o que faça, coloque amor." Às vezes, me chamava com aquele tom doce: "Quer me ajudar a enxugar a louça? Mas só se for de coração. Se não for, deixe que a mamãe faz, porque vou fazer com amor." Sem que eu percebesse, aquele ensinamento já me conectava com quem eu estava me tornando. Com o tempo, entendi que essa lição ia além dos pratos. Era sobre como escolhemos viver. Colocar amor em tudo — até nas tarefas mais simples, como limpar um banheiro. Hoje, quando faço isso, canto, sorrio e celebro o momento. Porque este é o meu presente... e ele não volta mais.

Aos 21 anos, nascia uma empreendedora. Eu sentia que havia conquistado o mundo: meu apartamento, minha moto vibrante, minha academia... E um namorado mais bonito que o Ken da Barbie. Mas o mais valioso era a confiança das pessoas que me entregavam sua saúde e bem-estar todos os dias. E havia um presente ainda maior: eu morava na mesma cidade das minhas tias queridas, Tia Cecy e Tia Yolandinha. Estar perto delas era como viver na Disneylândia — uma felicidade sem fim. Minha vida havia encontrado o compasso ideal. Até que o telefone tocou — e o compasso se quebrou como um quebra-cabeça ao cair no chão. Meu pai, do outro lado da linha, disse que meu irmão havia sofrido um acidente no Japão e alguém precisava ir imediatamente para lá. Sem hesitar, respondi: "Eu vou, pai. Agora mesmo!"

## X– AS PÉROLAS DO MANO CLAY

Clay Miyamoto cresceu no tatame — faixa preta, terceiro dan em judô, segundo dan em karatê. Amante das artes marciais, ele carrega não só a técnica, mas a alma dos samurais. Mas não se engane: por trás da postura séria, tem um contador de histórias que faz plateias rirem e suspirarem. Nas palestras pelos Budokans do mundo, ele sempre começa com a mesma metáfora que derruba qualquer tensão: "Dizem que um gato tem sete vidas. Você o joga pro alto e, no ar, ele se vira e cai em pé. O judô faz o mesmo com a gente — ensina a cair e sempre aterrissar inteiro. O judoca vira um gato." Para Clay, o judô vai além do tatame — é filosofia pura. Ensina a lutar para evitar a luta, a se defender sem ferir. E de tanto vê-lo, acabei me apaixonando também. Sim, sou fã número 1 — e não há Seoi Nage que me tire o posto.

## XI – JAPÃO: A TERRA DO SOL NASCENTE

E lá fui eu para o Japão — meu irmão precisava de mim! Em poucos dias, arrendei minha academia, fechei a mala e embarquei rumo ao outro lado do mundo! Korean Airline, 36 horas de voo. Vi o sol brilhar por 24 horas seguidas — era como se o avião perseguisse o sol... ou o sol perseguisse a gente. Ao chegar, me deparei com a eficiência surpreendente dos hospitais japoneses que, mesmo sendo admirável, me deixou assustada com a rapidez e objetividade do tratamento. Em menos de uma semana, eu já estava organizando a volta do meu irmão para o Brasil, onde ele poderia se recuperar com a família por perto.

Mas o Japão me prendeu de outra forma. Fascinada pela cultura e pelas oportunidades que me cercavam, decidi me candidatar a uma bolsa de estudos e fui aceita em um curso de Engenharia de Computação na Nihon Bailey Computer, em Mishima, Shizuoka-ken. Entre os requisitos, estavam o domínio do japonês e do inglês. O inglês? Dava pro gasto. Já o japonês fazia parte da minha essência — cresci falando a língua na casa da minha Batchan. Minha mãe, por sua vez, aprendeu japonês na fala e na escrita para se casar com meu pai e adentrar, com coragem e determinação, o clã Miyamoto. Anos depois, ela trabalharia comigo na Baley, operando computadores com teclado em japonês como se fosse algo corriqueiro. Uma mulher de fibra, e linda, de uma coragem esplêndida, que quando decidiu romper com seus próprios limites, entrou para a faculdade aos 55 anos e se formou com três títulos. Mas essa, ah... essa é uma história de autodescoberta que merece outro livro.

Foram quatro anos de estudos intensos e, paralelamente, uma carreira de modelo surpreendente. Eu era considerada super alta para os padrões japoneses da época — e magrela! Era um desfile atrás do outro, contratos para passarela, campanhas e comerciais de televisão. No Brasil, sempre me chamaram de "Japa", mas no Japão meu rosto carregava traços atípicos, resultado da mistura das origens dos meus pais. Isso me tornava um tipo exótico para eles — e a demanda de trabalho só crescia.

Foi também no Japão que aprendi, com orgulho, a arte de vestir o kimono em eventos formais. Mais do que uma vestimenta, entendi que era um gesto de tradição e respeito, um ritual silencioso que carregava séculos de história. Até que, ao me formar em Engenharia, em uma reunião ainda na Bailey, recebi uma proposta tentadora: um trabalho em São Paulo. O Brasil estava me chamando.

## XII – BRASIL, "MEU BRASIL BRASILEIRO!"

Quando cheguei a São Paulo, depois de quatro anos no Japão, algo me impactou de imediato. Lá, na Terra do Sol Nascente, a pureza e a uniformidade eram visíveis — cabelos negros, lisos, traços semelhantes, como se todos fossem parte de uma grande família. Era belo. Mas ao pisar no Brasil, fui tomada por um encantamento: aqui tudo se mistura! Rostos únicos, cabelos que vão do liso ao crespo, da pele clara à escura. Essa miscigenação é o que dá ao Brasil sua beleza vibrante e única.

Na época em que estudava Educação Física na UEPG de Ponta Grossa, também me dedicava a outra paixão: Artes Cênicas, Teatro, Cinema e Televisão na PUC de Curitiba. Eu dividia minha vida entre duas cidades, viajando semanalmente, uma rotina intensa, mas repleta de propósito e sonhos. E vocês já sabem como esta história terminou: eu optei por me fixar em Ponta Grossa e pela minha academia, que era o meu sonho em plena realização...

## XIII– LUZ, CÂMERA, AÇÃO!
## TIZUKA YAMASAKI

Tizuka Yamasaki é uma das cineastas mais aclamadas do Brasil, reconhecida por dar voz às narrativas da imigração japonesa e às questões identitárias dos nipo-brasileiros. Estreou com Gaijin - Os Caminhos da Liberdade (1980), filme premiado em Cannes e Gramado, que a consagrou internacionalmente. Versátil, também dirigiu produções marcantes para a televisão, como O Pagador de Promessas e Kananga do Japão, sempre com olhar sensível e inovador. Tizuka construiu uma trajetória pioneira, abrindo caminhos em um cenário dominado por homens e transformando histórias em emoções que marcaram o público brasileiro.

E quando aquela mulher — um verdadeiro ícone da sétima arte

— estendeu a mão e me fez um convite direto, eu mal consegui reagir. Era como se o tempo tivesse parado. Eu, diante de Tizuka Yamasaki, tive a oportunidade de fazer parte de algo muito maior do que poderia ter sonhado, até aquele momento. O coração disparou, as palavras fugiram, e tudo o que eu conseguia pensar era: "Isso está realmente acontecendo?".

Foi um daqueles encontros que nos moldam para sempre. Tizuka Yamasaki me acolheu com uma generosidade que ia além do que eu podia imaginar. Ofereceu-me hospedagem em sua própria casa — e com um sorriso bem-humorado, brincou: "Mas esteja preparada, porque tenho dois adolescentes e uma menininha de cinco anos." Era mais que um convite; era a abertura de um lar, um gesto de confiança e carinho.

Logo depois, Tizuka me inseriu em seus próprios cursos de cinema, que ela ministrava com paixão e precisão, e ainda me garantiu uma vaga na cobiçada Oficina de Atores da Rede Globo, comandada pela extraordinária Lidia Maria Pia Sconamilio. Uma mulher esguia, alta, com porte de modelo internacional, que mantinha o corpo e a mente afiados atravessando a nado, quase diariamente, as águas da Praia de Ipanema. Tizuka sempre dizia que Maria Pia tinha um talento raro: o de extrair o ator que mora dentro de cada um de nós em tempo record. Foi ali que me vi cercada por talentos já conhecidos, como as icônicas Paquitas e os Paquitos da geração Xuxa, em meio a jovens aspirantes, todos transbordando sonhos e energia, prontos para brilhar nas luzes da televisão.

Mas nada se comparava à prática. Tizuka, naquela época, dirigia o famoso programa da Rede Globo, Você Decide. Eu a acompanhava nas gravações desde a primeira luz do dia. Chegávamos ao set às cinco da manhã, quando o sol ainda despontava, tímido, no horizonte. Tizuka fazia questão de sentir o lugar antes de tudo. Eu, ao lado dela, carregava nas mãos o roteiro com as cenas, enquanto juntas estudávamos cada espaço, debatendo onde cada cena deveria ser gravada: onde o sol nascia, onde se punha, onde a luz encontraria os atores.

Às oito, a equipe de produção começava a chegar. Eu me recordo de um dia em que Tizuka, ao observar uma parede verde do cenário, disse: "Essa parede não está verde o suficiente. Preciso de um verde mais escuro." E, em questão de minutos, como num passe de mágica, a equipe repintou a parede exatamente como ela havia visualizado.

Tizuka era conhecida por usar as mãos de maneira quase coreográfica ao dirigir atores. Nós a chamávamos de "maestra". Eu amava assistir à precisão e sensibilidade com que ela conduzia cada cena. Em algumas ocasiões, antes de gravar, ela pegava o alto-falante e me chamava para sentar ao lado dela. Sempre me dizia, com convicção: "Você será diretora, como eu. Não existem muitos papéis orientais na televisão. O público ainda não se vê em nós. Mas você tem algo forte e necessário em si: a capacidade de dirigir e de produzir." Essas palavras, sussurradas entre um set e outro, acendiam em mim um novo tipo de sonho — um desejo de também, um dia, ser maestra de histórias e emoções, assim como ela.

Morar na casa de Tizuka Yamasaki foi como cair de cabeça dentro da própria Rede Globo. As festas à beira da piscina, os churrascos — Tizuka, uma gaúcha de alma e de coração, era apaixonada por um bom churrasco — aconteciam com frequência em sua casa. A verdade é que aquele lar era uma extensão viva dos bastidores da televisão. Não era raro ver diretores de arte, produtores e atores circulando por ali, rindo, trocando ideias e histórias ao redor da churrasqueira ou de uma taça de vinho.

Aquela mulher incrível não só era admirada por todos, mas também querida. Sua presença magnética atraía olhares e corações. E eu ali, no meio de tudo, sentia que estava aprendendo mais do que qualquer sala de aula poderia ensinar. Nas manhãs de domingo, ouvia a voz animada de Tizuka no telefone: "Vem pra cá, a Cris vai fazer sushi artístico!" E, entre risos, completava: "Cada um sai de um jeito diferente, mas o sabor é garantido!" Ah, que saudades do perfume de arroz branco no ar, do missoshiro, das risadas na cozinha e do calor humano que preenchia cada canto daquela casa.

O tempo passava e, enquanto Tizuka batalhava incansavelmente para viabilizar o financiamento de Gaijin 2, eu seguia absorvendo cada detalhe do seu processo criativo. Mas havia algo dentro de mim que começava a pulsar com mais força: a necessidade de colocar em prática tudo o que estava aprendendo. Comecei a me lançar nos testes da Rede Globo e, em um deles, disputei uma vaga para uma novela dirigida pelo renomado diretor Coqueiro. Estudei a personagem com dedicação durante dias: uma jovem japonesa que, após perder o pai — um empresário no Brasil — chegava do Japão exigindo a herança, fria e insensível à morte do próprio pai. No dia do teste, fui ao PROJAC, mas, para minha surpresa, o diretor me dispensou após uma breve conversa, e sem fazer o teste. Confusa, liguei imediatamente para Tizuka e desabafei. Ela ouviu atentamente. Tizuka queria intervir, mas pedi que não. Mesmo assim, ela me encorajou a não aceitar a situação passivamente. Ao que tudo indicava, o diretor havia assistido a uma entrevista minha e estas foram suas palavras: ao ver minha doçura natural, concluiu que eu não seria capaz de interpretar uma personagem tão fria. Era apenas uma participação pontual e decidi não insistir.

No entanto, essa experiência me ensinou mais do que muitos papéis já haviam ensinado. Na verdade, ela me preparou para garantir o sucesso total no próximo teste que estava por vir.

## XIV– PROJAC REDE GLOBO – RIO DE JANEIRO, BRASIL

Cheguei ao Projac como quem conhece o terreno, mas com o coração batendo forte no peito. Aquele universo pulsava — atores apressados cruzando corredores, diretores carregando roteiros, luzes se acendendo nos estúdios. Era como caminhar dentro de uma história prestes a acontecer. Quando entrei na sala de testes, dei de cara com um mar de modelos orientais vindas diretamente de São Paulo. Todas elegantes, belíssimas em seus trajes, mas nenhuma vestida com o rigor que aquele momento exigia. Só eu trajava o kimono completo, com maquiagem tradicional japonesa, tamanco, sombrinha de papel de arroz, leque e tudo mais. E, naquele instante, algo dentro de mim sussurrou: "Esse momento é seu." Os diretores, Márcio Augusto e Fábio Junqueira, me observavam com olhos atentos e curiosos. Assim que comecei a responder apenas em japonês, com movimentos suaves e a postura impecável de uma gueixa, percebi o brilho nos olhares deles. Era como se eu tivesse trazido a personagem comigo, antes mesmo de pisar ali. Com leveza, me sentei como manda a tradição, com gestos delicados e silêncio respeitoso. Enquanto os técnicos ajustavam luzes e câmeras, eu já estava no papel. Do canto da sala, ouvia sussurros: "Ela já trouxe a personagem na pele".

As cenas improvisadas fluíam com naturalidade. Meu leque se abria e fechava como uma extensão das minhas mãos, e minhas risadinhas cobriam o ar com a sutileza exata que a personagem pedia. A cada gesto, eles trocavam olhares cúmplices, anotavam detalhes, até que um deles, sorrindo, exclamou: "Acho que já encontramos a nossa personagem, podem cessar os testes! E, Cris, você pode já sair da personagem e vamos conversar sobre a contratação".

## XV – NOVELA "A INDOMADA", 1998 – REDE GLOBO

Novela das 8 da Rede Globo, que bateu recorde de audiência e foi passada em muitos outros países! Na novela "A Indomada", o delegado Motinha, personagem de José de Abreu, desaparece misteriosamente ao cair em um buraco em Greenville, cidade fictícia da trama. A cidade passava por reformas feitas pelo prefeito Ypiranga Pitiguary, interpretado por Paulo Betti, e sua esposa Scarlet Mackenzie, vivida por Luiza Tomé. As obras bagunçadas da prefeitura criavam situações surreais, e uma delas era esse buraco que acabou levando o delegado "para o outro lado do mundo", que na trama era o Japão.

Essa passagem foi usada pelos autores Aguinaldo Silva e Ricardo Linhares para justificar a ausência temporária do personagem e também para introduzir novos elementos e personagens vindos diretamente do Japão para movimentar a trama. É nesse contexto que a personagem, a enigmática gueixa, Michico, surge como parte da história, conectando os dois mundos — Greenville e o Japão — de forma inesperada e divertida. Eles queriam apenas uma modelo oriental para uma participação pontual, que fosse um rosto bonito e que trouxesse a atmosfera japonesa necessária para aquela sequência.

O que era para ser apenas uma aparição rápida, um complemento estético para o arco do delegado Motinha, acabou ganhando uma dimensão maior. Durante o teste, ficou evidente que eu trazia algo além da imagem de ser modelo, eu era atriz formada — havia entrega, autenticidade e um domínio natural da cultura japonesa. Isso fez com que os diretores e os autores reconsiderassem o rumo da personagem e sua relevância na trama. O que era apenas um "passageiro" ganhou espaço e profundidade. O que poderia ter sido só um "enfeite" na história, tornou-se um pequeno portal para um outro universo dentro da novela.

## XVI – A FAMA

Em entrevistas, me perguntavam: "Kristie, qual o segredo para alcançar o sucesso?" E minha resposta era simples e honesta: "O sucesso, para mim, é a junção de duas forças universais — estar preparada e encontrar a oportunidade certa".

Preparação/Estudo: E eu estava mais do que pronta. A gratidão que carrego por mulheres incríveis como Tizuka Yamasaki e Maria Pia é imensa. Elas me ofereceram não apenas ensinamentos técnicos, mas também o olhar generoso e a confiança que me fizeram enxergar o meu próprio potencial.

Oportunidade: E então, como uma recompensa pelo amor e pelos sorrisos que semeamos ao longo da nossa trajetória, o Pai lá em cima nos presenteia com a oportunidade. Minha personagem entrou para o elenco fixo da novela A Indomada, e ali, em meio às luzes e às câmeras da maior emissora do país, eu fiz história: tornei-me a primeira atriz oriental a assinar um contrato oficial com a Rede Globo de Televisão.

## XVII - BASTIDORES DA REDE GLOBO

E, claro, entre uma gravação e outra, chegou o aniversário do meu pai. Eu simplesmente não aguentei! Sabia que ele, assim como boa parte do Brasil, era um fã incondicional da Beth Faria. Beth, além de uma atriz extraordinária, era budista e tinha o hábito carinhoso de, antes de cada cena, segurar minhas mãos e sussurrar:

"Vamos meditar para sua cena ficar ótima?" E lá íamos nós, em meio à correria dos estúdios, repetir juntas o mantra: "Nam Myōhō Renge Kyō, Nam Myōhō Renge Kyō..."

Do sofá branco e enorme da sala dos atores, onde aguardávamos para entrar e gravar, havia telefones à disposição. Sim, podíamos fazer ligações interurbanas e, provavelmente, até internacionais! O mundo da Rede Globo era mesmo um universo à parte, onde o "impossível" não tinha morada e os atores eram mimados como em nenhum outro lugar. Nesse dia especial, liguei para o Hotel Avenida e pedi para chamarem o meu pai. Ele atendeu:

"Oi, Tata! Tudo bem?"

Sem que ele esperasse, passei o telefone para Beth:

"Olá, seu Getúlio! Estou ligando para lhe desejar um feliz aniversário!" – disse ela, com aquela voz inconfundível que encantou gerações. Contam os funcionários do hotel que meu paizinho ficou pálido e, em segundos, ruborizou de pura emoção. Reconheceu de imediato a voz daquela que tantas vezes iluminou nossas telas.

"Be... Be... Beth Faria! Muito obrigado e que honra receber uma ligação sua!" – disse ele, quase sem fôlego.

E eu, ali segurando o riso e o coração cheio de gratidão, pensei: "Viva La Vida!"

# EPÍLOGO – O FIO INVISÍVEL DAS CONEXÕES

Cada passo, encontro improvável e palavra precisa foram faróis em um caminho repleto de intensidade e reviravoltas. Da infância de desafios e descobertas aos bastidores da maior emissora do Brasil, sempre houve algo em comum: as pessoas. Na sabedoria do meu pai, na caridade viva da Mãe Janda, na liderança da minha Batchan, nas reflexões do meu irmão, no incentivo doce da minha mãe e no olhar atento dos mestres, encontrei a magia das conexões.

Na força da conexão e na elegância do salto alto, encontrei meu próprio palco. Sucesso é se deixar guiar pelas conexões que a vida oferece e retribuir com amor e gratidão. E no fim, são as conexões que nos transformam e Deus nos guia exatamente onde o coração sempre soube que era o nosso lugar.

> *"E lembre-se: só sonha quem carrega em si a capacidade de realizar. Então, sonhe!"*

Com um sorriso,
Kristie Miyamoto.

The End.

# MICHELE LEÃO

Promotora de Experiências Gastronômicas e Personal Chef
insta: @micheleleao.ny

Health Coach e Certificada em Gastronomia Funcional, atua na área metropolitana de Nova York como Especialista em promover experiências gastronômicas.

# INTRODUÇÃO

Olhando para trás, percebo que minha jornada não é apenas uma coleção de eventos, mas um mosaico de aprendizados, quedas e reerguimentos. Neste capítulo, convido você a embarcar comigo em uma viagem íntima e reveladora, uma oportunidade de refletir sobre quem sou e quem me tornei. Divido aqui não apenas minha história, mas também as verdades universais que nos conectam.

## MINHA ORIGEM

A maternidade da minha mãe foi uma jornada de independência, cheia de desafios e incertezas, uma vez que ela não teve apoio do pai biológico. No entanto, foi na ausência que minha mãe e eu encontramos as primeiras conexões que moldariam o nosso futuro.

No interior de São Paulo, em Jaboticabal, foi onde nasci; meus avós maternos desempenharam um papel fundamental, especialmente minha avó, Carmelita Gonçalves, cuja presença era como um abrigo acolhedor. Ao lado dela estava meu querido avô Walter Beckman que, embora não fosse meu avô biológico, ofereceu amor e apoio incondicional. As memórias dessa conexão são profundas, como raízes que se entrelaçam na terra, formando a base de quem eu me tornaria.

Lembro-me claramente do meu avô, com seu sorriso gentil e suas mãos calejadas, que me guiavam em nosso pequeno pedaço de quintal; a magia daquele momento ficou gravado na minha memória como uma pintura vívida. Acredito que eu tinha na faixa dos 3 anos de idade; ele se agachou ao meu lado e explicou como cada muda de planta tinha o potencial de se transformar em algo belo. Enquanto plantávamos, ele falava sobre paciência e cuidado, sobre como a natureza nos presenteia, mas também exige respeito e dedicação.

Naquele instante, algo despertou dentro de mim: a conexão que estávamos criando com a terra, com o tempo e um com o outro. O pomar que começávamos a criar simbolizava não apenas frutos, mas memórias, amor e a continuidade da vida. Meu avô me ensinou que a beleza está nos detalhes, na simplicidade de um momento, e que cada semente plantada é uma promessa de que algo maravilhoso está por vir.

Essas lembranças não são apenas fragmentos do passado, mas uma fonte de inspiração para viver plenamente. Hoje, sempre que olho para essa memória que o vi plantar, sou transportada de volta àqueles dias ensolarados, e sinto o calor do amor e da sabedoria que meu avô me transmitiu. E assim, a apreciação pelo simples floresce em mim.

O nome "Michele", originado da música dos Beatles, carrega consigo a melodia suave de uma figura feminina, e foi minha tia madrinha, Vânia, irmã mais próxima da minha mãe e um dos grandes alicerces de força e inspiração, quem me deu esse nome e influenciou minha percepção sobre dedicação. Desde os meus primeiros anos, a figura da madrinha Vânia sempre se destacava, para mim; ela não era apenas uma parente, era uma mulher de força inabalável, cuja determinação deixava uma marca indelével em todos que cruzavam seu caminho.

Recordo de um momento específico: uma viagem de excursão de escola para São Paulo, em que ela me inspirou independência. Eu era muito nova e, na companhia da minha prima, Flávia, teria que sair do nosso grupo seguro de excursão e ir ao encontro dela. Nós duas, sozinhas! E no meio de uma cidade que era totalmente desconhecida por nós. Essa conexão com a madrinha Vânia e as instruções diretas, que ela nos deu, me mostrou que a força verdadeira reside em nossa capacidade de seguir em frente, mesmo quando o caminho parece íngreme.

A conexão que temos transcende o tempo e o espaço; é um vínculo que me fortalece e me inspira a ser a melhor versão de mim mesma. Minhas raízes se entrelaçam com a terra fértil do interior de Goiás, em Rio Verde, um lugar que se tornou meu lar quando minha mãe, Vera Lúcia, decidiu se permitir amar de novo e construir uma nova família, e os resultados desse relacionamento me deram meus irmãos Nivaldo Leão Neto e Letícia Barbosa Leão, por quem sou apaixonada desde sempre.

Foi nesse novo capítulo de minha vida, que me trouxe novas esperanças, que minha adoção pela família goiana acrescentou uma nova camada de afeto e pertencimento ao meu ser. Meu sobrenome, Leão, herdado do meu pai adotivo, Nivaldo Leão Júnior, simboliza não apenas uma nova identidade, mas também a força e a coragem que ele representa. A receptividade dessa família foi inigualável; me vi cercada por um amor que me envolvia como um abraço caloroso.

A presença dos avós, principalmente da vó Bel, que sempre tinha uma história encantadora para nos contar, me acolhiam; e o afeto das minhas queridas tias Rosângela e Vera, que iluminavam meus dias, foram fundamentais. Nossos encontros familiares, com a casa lotada aos domingos e celebrações, eram marcados por risadas e união. Essas experiências moldaram meus valores. Minhas companheiras, as primas Samantha e Daniela, tornaram-se cúmplices de segredos e alegrias, adicionando camadas de felicidade a essa rede de afeto que sempre me sustentou. A meus queridos primos e primas que foram os melhores amigos e confidentes, meu eterno agradecimento por tanto acolhimento. Desde cedo, minha história foi marcada por uma busca profunda por conexões e esse sentimento me acompanhou por todo meu tempo em Goiás.

## PRIMEIRO SALTO

Em 1994, saí do Brasil pela primeira vez para visitar a tia madrinha em Nova York. Essa experiência despertou em mim uma profunda curiosidade e um encantamento pelas possibilidades de conhecer outras culturas. A cidade vibrante e cheia de vida me inspirou, alimentando meu desejo de explorar o mundo e conectar-me com pessoas de diferentes origens. Em 1995, decidi mergulhar ainda mais nessa aventura e passei um ano e meio cursando o High School em Nova York. Essa imersão não apenas ampliou meus horizontes, mas também solidificou minha vontade de viver um sonho: criar laços significativos e aprender com cada nova conexão que a vida me oferecia.

De volta ao Brasil, em 1998, tornei-me mãe do meu amado Vanderval Neto em uma situação de gravidez precoce e sem a experiência necessária para enfrentar os desafios que viriam. A ausência do pai deixou um vazio doloroso em minha jornada, e o sentimento de abandono que isso gerou me marcou profundamente. A ideia de que muitos homens não assumem a responsabilidade com seus filhos machucou não apenas meu coração, mas também minha crença na possibilidade de construir uma família unida e amorosa.

Com a chegada do meu filho, meu maior desejo era proporcionar a ele um lar, um ambiente onde o amor e a segurança fossem abundantes. No entanto, a realidade que enfrentei foi bem diferente. A pressão por ser uma mãe solteira, sem o apoio que tanto precisava, fez com que eu me sentisse isolada e perdida em meio a um turbilhão de emoções. Além disso, não consegui concluir o ensino superior, o que acentuou minha sensação de desconexão com o meio cultural e limitou as oportunidades de crescimento pessoal.

Cada dia parecia uma luta para encontrar meu lugar no mundo, enquanto sonhava em dar ao meu filho as experiências e as oportunidades que eu mesma não tive. Essa busca constante por um propósito e por um futuro melhor se tornou uma parte essencial da minha vida, moldando minhas decisões e impulsionando minha determinação em superar os desafios que se apresentavam.

## DESCER DO SALTO PARA AVANÇAR RUMO AO FUTURO

Em 2004, tive a oportunidade de voltar para Nova York e ingressar na cultura americana. Minha jornada amorosa foi marcada por relacionamentos tóxicos que deixaram cicatrizes profundas. Durante muito tempo, carreguei dentro de mim uma crença limitante: a de que não tinha valor
        suficiente para construir um relacionamento sólido e saudável. Essa percepção distorcida da minha autoimagem me levou a aceitar

comportamentos que, à primeira vista, pareciam normais, mas que, na verdade, eram venenosos.

O desejo de me conectar, de encontrar alguém que me compreendesse e me valorizasse, foi manipulado por pessoas que não tinham a intenção de agregar à minha vida. Em vez de amor, encontrei abuso psicológico, um jogo de poder que corroía minha autoestima dia após dia. As palavras que deveriam ser de carinho tornaram-se armadilhas, e os gestos que deveriam transmitir afeto se transformaram em mecanismos de controle. Lembro-me de momentos em que, ao invés de ser encorajada, era frequentemente desencorajada. As críticas sutis se infiltravam em minha mente, fazendo-me duvidar de minhas capacidades e valor. O que deveria ser um espaço seguro e acolhedor tornou-se um campo de batalha emocional, onde eu lutava para manter a sanidade diante de um amor que não era amor. Essa dinâmica me aprisionou em um ciclo de desconfiança e insegurança, principalmente por ter envolvido meu filho, também, nessa dinâmica.

Foi um processo doloroso, mas, com o tempo, comecei a entender que essas experiências não definiam quem eu era. Através da reflexão e do autoconhecimento, percebi que precisava romper esse ciclo. Com coragem, manifestei muito o pedido de ajuda e comecei a me reconectar com minha essência, redescobrindo meu valor intrínseco.

## O SALTO CINDERELA

Em meados de 2010, a vida me surpreendeu quando reencontrei um amigo especial, Luiz Ratto. Nossa conexão, forjada em respeito e admiração desde a minha primeira vinda a Nova York, ressoava como uma melodia familiar. Luiz, um chef de cozinha carismático, trazia consigo uma luz contagiante, mesmo em meio às suas próprias batalhas. Ele também havia enfrentado desafios relacionados à família, relacionamentos e filhos. E em cada conversa, o sentimento genuíno que compartilhamos se tornava mais forte.

A amizade que floresceu entre nós me trouxe uma esperança renovada em um momento em que tudo parecia escuro e frio. Luiz acendeu uma luz em meu coração, aquecendo-me com sua presença constante e suas palavras encorajadoras. Sempre tive imenso orgulho de como ele lidava com a paternidade e como compreendia os desafios de viver fora do Brasil, em busca de construir uma família sólida.

Um dia que ficará gravado em minha memória foi quando Luiz, com um tom de voz suave e um olhar sincero, me pediu permissão para entrar na vida do meu filho e juntos formarmos uma nova família. Seus gestos meigos e sua maneira carinhosa de se expressar tocaram meu coração de uma forma que eu nunca havia experimentado antes. Senti, pela primeira vez, uma conexão intensa, uma deliciosa sensação de segurança que me envolveu completamente.

Em 2013, oficializamos nosso relacionamento, da maneira que deveria ser: simples, mas repleta de significado, com nossos filhos como testemunhas de uma união que prometia trazer momentos especiais e cheios de amor. Celebramos essa nova realidade com gratidão, mas, como sempre na vida, os desafios não tardaram a se manifestar. Apesar da felicidade, enfrentei dificuldades com meu filho e os traumas de relacionamentos passados. A luta para superar esses obstáculos exigia uma força imensa, e muitas vezes me sentia frustrada e perdida, sem saber como seguir em frente. Foi nesse momento que Luiz se tornou meu porto seguro. Sua presença constante e paciência inabalável não me deixaram desistir. Ele me apoiou incondicionalmente, ajudando-me a entender o que precisávamos fazer para superar os desafios juntos.

Com Luiz, o "chef" da minha vida ao meu lado, aprendi que, mesmo nas tempestades mais intensas, o amor e a amizade podem iluminar o caminho. Juntos, transformamos nossas dificuldades em oportunidades de crescimento e nos comprometemos a construir uma vida cheia de cumplicidade e compreensão. Essa jornada, repleta de altos e baixos, me ensinou que a verdadeira força reside na conexão com aqueles que amamos e na capacidade de enfrentar os desafios de mãos dadas.

# A CONFIANÇA CALÇA SALTO ALTO

Sabe aquele momento de conversas com o seu eu? Tive várias, algumas engraçadas, outras nem tanto, e em 2017, depois de uma conversinha, tomei uma decisão que mudaria o curso da minha vida: decidi me profissionalizar como Health Coach. Esse passo não apenas me proporcionou uma nova perspectiva sobre organização e equilíbrio em todas as áreas da minha vida, mas também acendeu uma paixão pela Gastronomia Funcional.

A minha jornada na Gastronomia Funcional começou como uma paixão silenciosa, mas logo se transformou em um chamado vibrante, repleto de sabores, cores e possibilidades. No entanto, o que realmente fez essa paixão florescer foram as conexões que estabeleci ao longo do caminho.

Nesse processo, duas figuras se destacaram: minha professora musa, Fran Tonello, e o querido André Barros. Ambos desempenharam um papel fundamental na minha trajetória, oferecendo apoio e encorajamento incondicional.

Lembro-me do meu primeiro encontro com Fran. Ela com uma energia contagiante, iluminando o ambiente com seu entusiasmo pela gastronomia saudável. Sua abordagem ao ensino era acessível e inspiradora, e logo percebi que estava diante de uma verdadeira mentora. Fran não apenas compartilhou seu vasto conhecimento, mas também criou um espaço seguro onde todos nós nos sentíamos à vontade para explorar e experimentar. Sua paixão era tão evidente, que era impossível não se contagiar.

Mas foi por meio de uma conexão pela internet que minha jornada realmente deu um salto. André Barros, meu contemporâneo de Goiás e um profissional renomado na área, se tornou uma ponte entre mim e a minha paixão em alimentar o próximo com tantas riquezas da terra. Nossas conversas virtuais foram um divisor de águas; ele me incentivou a seguir em frente, a acreditar no meu potencial e a não ter medo de me integrar a esse meio repleto de profissionais talentosos.

A importância dessas conexões se tornou ainda mais evidente

quando percebi que a verdadeira essência das relações vai além do toque físico. Foi um lembrete poderoso de que, mesmo em um mundo digital, a conexão humana é vital. As palavras de encorajamento de Fran e André ecoavam em minha mente, fortalecendo minha determinação em me aprofundar na gastronomia e em me sentir parte de algo maior. Aprendi que a magia da gastronomia está não apenas nos ingredientes, mas nas conexões que fazemos ao longo do caminho.

Assim, a minha jornada no mundo excitante da Hospitalidade se tornou uma celebração de conexões.através dessa jornada, tive a sorte de me conectar com a amiga Krika Palaia, que se tornou um ponto forte na minha trajetória. Ela me apresentou ao trabalho voluntário, uma experiência que me fez entender de forma profunda que, ao nos doarmos, recebemos muito mais em troca. Essa conexão me trouxe frutos abundantes, mas o verdadeiro marco veio quando conheci FernandaFiorito. O encontro com ela despertou em mim uma transformação interior, um chamado para o autoconhecimento que eu sabia que precisava. Essa jornada de cura não foi solitária; fui acompanhada por pessoas excepcionais, que me ensinaram que eu mereço um amor que edifica, que respeita e apoia. Descobri a importância de cuidar do meu corpo com respeito e de honrar minhas raízes, entendendo que cada passo em direção à autovalorização é um ato de resistência.

Hoje, olho para o futuro com o coração cheio de esperança. Estou em busca de conexões saudáveis que me permitam florescer e, acima de tudo, reconhecendo que o amor verdadeiro não deve ser uma fonte de dor, mas sim um suporte que me impulsiona a ser a melhor versão de mim mesma. Essa jornada de autoconhecimento e conexão me ensinou que, ao abraçar minha essência, posso construir relacionamentos significativos que refletem o amor que tanto desejo e mereço.

# PRÓXIMO SALTO

Através de conexões que trouxeram tanta prosperidade à minha vida, comecei a perceber um padrão preocupante ao meu redor. Meus colegas, pessoas talentosas e dedicadas, pareciam estar se perdendo em meio às longas horas de trabalho e à pressão constante da indústria de hospitalidade e eventos. Muitos deles, apesar de seu esforço incansável, são mal remunerados e, como resultado, suas vidas pessoais são negligenciadas. Vi trabalhadores sobrecarregando suas agendas, sem a consciência necessária para fazer escolhas que garantissem uma qualidade de vida melhor.

Após enfrentar períodos de escassez e momentos de desvalorização, minha perspectiva começou a mudar. Em vez de me deixar abater pelas dificuldades, percebi que minha missão era diferente: quero apoiar e ajudar minha comunidade de prestação de serviços a encontrar um caminho mais saudável e equilibrado. Hoje, me abro para as conexões genuínas e simples com o intuito de dar credibilidade para quem algum dia passou por incertezas da solidão e exclusão. Acredito que cada um de nós merece ser valorizado e tratado com respeito, e isso se estende não apenas ao trabalho, mas também ao bem-estar emocional e físico.

Com essa nova visão, começo minha jornada de cultivar conexão com pessoas com um propósito genuíno de fazer o bem. Trago essa consciência para o meu meio, inspirando aqueles ao meu redor a reconhecerem a importância de cuidar de si mesmos e a buscar um equilíbrio entre trabalho e vida pessoal. É com esperança que me dedico a essa causa, criando um espaço onde conversas sobre saúde mental e bem-estar possam florescer. Juntos, podemos construir um ambiente onde todos se sintam apoiados e capacitados a fazer escolhas que promovam uma vida mais plena. Essa jornada não é apenas sobre mim; é sobre todos nós, unidos em busca de um futuro mais consciente e saudável para nossa comunidade.

# AGRADECIMENTOS

Em um mundo repleto de desafios e incertezas, é com o coração cheio de gratidão que olho para a minha jornada até aqui. Cada passo que dei, cada pessoa que conheci, moldou a minha essência e contribuiu para o que sou hoje. Quero expressar meu sincero agradecimento a todos que estiveram comigo, que compartilharam risos, lágrimas e, principalmente, ensinamentos. Vocês foram as luzes que iluminaram meu caminho, me guiando em momentos de dúvida e me fortalecendo em tempos de fraqueza. As conexões que fiz, sejam elas positivas ou desafiadoras, foram fundamentais para o meu crescimento. Cada experiência, cada interação, deixou uma marca indelével em minha alma. Sou grata por cada lição aprendida, por cada coração que se abriu para mim e por cada momento que me fez refletir.

É essa rede de amor e aprendizado que me enche de esperança. Acredito que, juntos, podemos enfrentar qualquer tempestade e encontrar a beleza, mesmo nos dias mais nublados. Olho para o futuro com confiança, sabendo que as experiências vividas e as pessoas que cruzaram meu caminho me prepararam para o que está por vir.

Com gratidão por tudo o que foi e esperança por tudo o que ainda será, sigo em frente, orgulhosa do meu ser humano e ansiosa para continuar essa jornada ao lado de todos vocês.

# TATI MARZULLO

Jornalista
Insta: @tati.marzullo

Tatiana Marzullo Varges é jornalista com 25 anos de experiência no mercado de comunicação. Fundadora e CEO da Agência A+, empresa com 18 anos de atuação no Brasil e nos Estados Unidos, certificada quatro vezes consecutivas pelo Great Place to Work como uma das melhores para se trabalhar. Também é fundadora do Programa Salto Alto, uma imersão exclusiva para lideranças femininas realizada em Orlando, nos Estados Unidos. Além disso, possui certificação em Liderança e Quality Service pelo Disney Institute. É casada com Leandro Varges, mãe de duas princesas, Maria Clara e Laura.

Tatiana ama servir a Deus, fazer conexões e criar oportunidades para gerar prosperidade coletiva. É líder do projeto voluntário Café com + Fé cujo propósito é impulsionar mulheres através da fé. Hoje o café está no Brasil, Estados Unidos e Portugal.

# INTRODUÇÃO

Como vai? Gostaria de me apresentar para iniciarmos esta conversa. Sou Tatiana Marzullo Varges, filha amada de Deus, esposa do Leandro e mãe da Maria Clara e da Laura. Meu nome significa pertencente ao Pai, aquela que pertence a Deus. Essa é a minha identidade, essa sou eu. Tenho formação em jornalismo com especializações em Liderança, Comunicação Institucional e Coach, Fundadora e CEO da Agência A+, agência de comunicação integrada com sede no Brasil e operação nos Estados Unidos.

Também sou fundadora do Programa Salto Alto, uma jornada de liderança feminina que acontece duas vezes por ano em Orlando (Flórida), onde resido desde 2023, com o propósito de impulsionar brasileiras empreendedoras, executivas e líderes, através de melhores práticas de liderança com empresas de referência global, como Disney, Apple e Universal. Amo fazer conexões, ser ponte entre pessoas e propósitos – é um dom natural, que está impresso no meu DNA. Por esse motivo estou aqui, convidada pela Cléo Pillon, uma referência em conectar pessoas. Nossos saltos se conectaram por um propósito comum: impulsionar vidas e fortalecer suas identidades.

Quando conheço e ouço a história de alguém, aquilo me alcança em algum lugar dentro de mim e imediatamente começo a construir pontes, ligando essa pessoa a outras. Tenho um desejo enorme de auxiliar aquela vida a desenterrar seus tesouros (pessoal e profissionalmente) e a ser tudo aquilo que ela tem potencial para ser. Na verdade, eu já a vejo assim, despida dos escombros que encobrem sua riqueza.

Minha missão de vida está completamente aliançada com a conexão, pois foi por meio da mais especial delas que eu renasci. Sim, foi uma conexão que me resgatou, me salvou e me deu um novo caminho; foi ela que me fez a líder que sou hoje. Minha verdadeira vida começou quando eu me conectei com Jesus Cristo – de forma integral e intencional. Antes disso, eu nem sequer sabia quem eu era, tinha um senso enorme de desvalor, muitas crenças limitantes... Estava doente. Essa conexão entregou em minhas mãos o meu documento de identidade.

Mas que bom que eu disse e digo sim, todos os dias, para essa conexão. Porque foi ela que me trouxe até aqui, até você, com quem hoje de forma grata compartilho minha história, na esperança de que ela se conecte com a sua e juntas possamos construir muitas pontes.

## T.A.C. (TATI ANTES DE CRISTO)

Eu tive uma infância com alguns desafios, mas também com muito amor. Materialmente, nada me faltou, porém, um vazio se instalou e várias crenças foram ocupando esse espaço. Somente mais tarde, quando percorri o caminho do autoconhecimento, entendi o porquê.

Eu era a preferida, a queridinha do meu pai, o que criou várias situações de atrito com meus dois irmãos. Meu pai brigava com os meus irmãos por minha causa, chegou a bater em um deles por isso. Então eu tinha uma crença de que eu não era uma pessoa boa, não merecia nada de bom, já que causava dor nas outras pessoas. Tinha essa crença em relação à felicidade, que eu não merecia ser feliz por completo.

A partir daí, e por longos anos, vivia me escondendo, para não ser a preferida de ninguém; não me expunha, ficava mais nos bastidores, com um senso de desvalor. Eu achava que não tinha valor algum; afinal, como uma pessoa que não era boa poderia ter algum valor?

Mais um ingrediente importante nessa receita do bolo das crenças limitantes que vamos levando na nossa lancheira vida afora e não nos damos conta: meu pai, que me protegia e me enaltecia, foi embora de casa. Eu tinha 6 anos, me senti abandonada. Outro baque e lá vem a raiz de rejeição, trazendo com ela a certeza de que eu realmente não era uma boa pessoa, era alguém sem valor, que merecia ser deixada para trás.

Eu não achava que tinha valor, mesmo que tivesse. Isso acontece, né? As vozes do mundo vão se somando àquelas que nossa mente adoecida cria, e elas vão construindo os nossos comportamentos. Aquilo que você vê, aquilo que você escuta, aquilo que você vive, tudo vai construindo você como ser humano.

E aqui quero apresentar a você minha mãe, Maria Luiza, personagem fundamental na minha história. Em dado momento, minha mãe chegou para mim e falou: "Tatiana Marzullo, grave bem esse nome. Pois esse nome ainda será conhecido". E ela falou isso repetidamente, durante muitos anos. Isso foi muito importante para me nortear profissionalmente, apesar das minhas rachaduras internas. Isso me ajudou a zelar pelo meu nome, a procurar ser uma pessoa de boa fama, no sentido de gerar credibilidade para os outros. E até hoje tenho muito cuidado com a questão do meu nome, quero honrá-lo. Quando conheci Deus, entendi muito bem essa questão com o zelo do meu nome.

Então essa voz da minha mãe foi positiva, ela me ensinou a querer zelar pelo meu nome, pela minha credibilidade, por ser uma pessoa excelente com as coisas que envolvem aquilo que estou fazendo, liderando, construindo. Vale destacar aqui para você que, mesmo em meio aos desafios, sempre temos a oportunidade de nos conectar com algo bom que pode nos ajudar. Minha mãe foi o contraponto para o meu desvalor.

Porém, sem meu pai em casa, fui ocupando o lugar masculino, digamos assim. Eu praticamente assumi o papel do pai de família. Quando alguém sai, alguém entra. Alguém quer disputar e ocupar aquele lugar. A verdade é que é difícil a gente viver o nosso lugar, tendemos a querer ocupar o lugar de alguém. Eu ocupei o lugar do meu Pai. Eu ficava impondo limites em casa o tempo inteiro para meus irmãos, queria prover, gerir, mesmo sem necessidade. Então, fui a última da família a me casar. Eu me casei com 31 para 32 anos, fui a última a sair de casa. E ocupei esse lugar na vida da minha mãe. Dormi na cama da minha mãe até os 26 anos de idade. E eu achava que era lindo, mas não estava entendendo que ali, no fundo, havia uma codependência. Eu estava ocupando um lugar que não era meu.

A necessidade de ser a provedora me levou a romper cedo com a questão profissional, mesmo com todo o senso de desvalor. Eu queria trabalhar, adorava trabalhar e a sensação de que estava gerando algo. Também comecei a dirigir cedo, sempre querendo ir à frente, eu queria voar cedo – apesar de isso não incluir sair da casa da minha mãe.

Comecei a faculdade de jornalismo e busquei um estágio. Meu sonho era trabalhar na Rádio Globo. Eu era viciada no Flamengo e queria atuar na área de esportes, cobrir futebol. E consegui a vaga, que foi bem importante para mim. Veja outro ponto interessante, aqui: eu ia rompendo, conseguindo as vagas de trabalho mas, no fundo, um senso de desvalor sempre me acompanhou. Uma necessidade de pertencer, de agradar para que as pessoas não fossem embora, uma sensação do tipo "eu estou aqui, mas não mereço".

Estava vendo o sonho da minha adolescência se concretizando, mas a crença do desvalor estava lá, embaixo do tapete. Eu fazia acontecer, ia atrás, realizava... Mas nada preenchia o vazio. Naquela época eu estava namorando um rapaz, meu primeiro namorado, um relacionamento que durou sete anos, mais ou menos. Mas era uma relação tóxica, eu me sentia muito desvalorizada. Só que achava que estava bom, era o que eu merecia, estava no lucro. Afinal, eu não sou uma boa pessoa, não sou tudo isso, então está ótimo. Estava recebendo migalhas e achava que era isso que eu merecia. Ponto. Senso de escassez total.

Voltando à área profissional, depois da rádio eu passei a trabalhar em assessoria de imprensa, que foi onde me identifiquei, porque justamente fazia a função de ponte, fazia a conexão entre o cliente e o jornalista, impulsionava negócios através desse trabalho. Comecei como estagiária e trabalhei com grandes clientes em grandes agências, gerava muito resultado, não tinha o salário compatível com meus resultados, mas achava que era muito.

Eu era uma pessoa incompleta, sentia aquele espaço vazio. Às vezes a gente tem algumas lealdades familiares, algumas repetições de padrão e precisamos olhar para isso com mais atenção. Percebo muito isso em alguns momentos da minha vida, quando eu tinha dificuldade com relação a merecimento. Eu alcançava um determinado resultado na agência, por exemplo, e tinha culpa, como se eu não merecesse aquilo. Vou citar algo verídico, para você entender melhor.

Certa vez, ganhei um prêmio de melhor atendimento do ano, era uma viagem, e eu simplesmente não fui buscar esse prêmio, nunca usei. Esta é uma curiosidade, na minha trajetória. Eu nunca fiz a viagem que ganhei! Hoje entendo o porquê: eu achava que não merecia, achava que era uma fraude, a tal da síndrome da impostora de que a gente sempre fala. Eu tinha essa síndrome e aí fui buscar as razões na minha história, lá atrás, nas questões com meu pai. E vou compartilhar esse processo com você, mais à frente.

Outra situação que aconteceu nessa época e que me atingiu muito por eu não ter certeza de quem era: Sempre gostei de elogiar, era estagiária e tinha três chefes mulheres. Uma delas saiu da empresa e mandou um e-mail de despedida para todo mundo da empresa, colocando o nome das pessoas que tinham sido importantes para ela, e me citou da seguinte forma: "Tati Marzullo, a estagiária mais baba-ovo que conheci na vida. Magoou, não é, fofa? Te adoro".

Eu fiquei muito triste e permiti que aquilo, naquele momento, abafasse um pouco a minha identidade. Fiquei meio travada para elogiar, porque pensava que todos achariam que eu fazia aquilo com algum interesse próprio. Isso me incomodou muito e por muito tempo. E quando mais tarde passei pelo processo de imersão em mim, descobri que elogiar faz parte da minha essência, eu gosto, a minha linguagem do amor é a palavra de afirmação. Hoje elogio, enalteço o que as pessoas têm de bom e aprendi a receber elogios também, com gratidão, coisa que antes não fazia.

Mas é que naquela época eu não sabia quem eu era, não conhecia o meu propósito, tinha falta de amor-próprio, raiz de rejeição, não sabia dizer 'não', permitia qualquer tipo de abuso emocional, era uma workaholic convicta, carregava um vazio existencial, nunca terminava o que começava, vivia em grande desordem interior. Aquele combo de caos.

Porém, eu já tinha o valor da fé, mesmo que fosse uma semente adormecida, porque minha mãe sempre foi uma pessoa que leu a bíblia, sempre buscou a Deus, ela escrevia cartas para Deus e foi regando essa semente, incansavelmente, na minha vida.

Em 2003, minha mãe abriu uma célula (um grupo de oração) em casa e o propósito dela com essa ação era me ganhar para Jesus. Eu participei uma vez, e depois passei a fazer de tudo para não chegar na hora, inventava coisas de trabalho para não ir. Daí fiquei um tempão sem ir, até que um dia me dei uma nova chance. Falei: vou ficar, e aí comecei a olhar com outros olhos.

Eu tinha muita resistência, tanto que quando a líder do grupo me convidou pela primeira vez a fazer uma oração para aceitar Jesus como Senhor e Salvador da minha vida, eu falei 'não'. Não fiz a oração, no primeiro convite. Somente em outro dia, no segundo convite, recebi Jesus como Senhor e Salvador da minha vida. Comecei a colocar em prática aqueles ensinamentos e dei início ao meu processo de conversão.

Jesus me pegou de uma forma tão arrebatadora, foi algo divino e tudo começou a fazer sentido. Eu ressignifiquei a paternidade na minha vida, finalizei a minha relação de anos, que era uma relação tóxica, em que eu me sentia completamente desvalorizada; os meus olhos se abriram, comecei a jornada do autoconhecimento. Tudo foi sendo revelado. Deus foi tirando todo o lixo da minha vida.

Quando entramos no caminho de Jesus, quando colocamos nossos pés nesse chão, a verdade e a vida nos alcançam, e conhecemos a fonte da água viva, a água do autoconhecimento, do merecimento, do amor... E minha história ganhou um novo capítulo.

## T.D.C. (TATI DEPOIS DE CRISTO)

Depois da conexão com Jesus, comecei a trabalhosa, porém maravilhosa, jornada do autoconhecimento e da gratidão. Todas as crenças, mitos, raízes de rejeição, tudo foi sendo limpo, inclusive os cantinhos escuros e a sujeira embaixo do tapete. Comecei a fazer terapia, porque senti a necessidade de me conhecer melhor e poder contar com uma ajuda mais profissional foi imprescindível. Meus olhos começaram a se abrir, eu precisava de ferramentas, precisava de ajuda para suportar o processo.

Jesus fez toda a diferença na minha vida; a caminhada começa com o primeiro passo. Ele foi meio que tirando as escamas dos meus olhos, rompendo os véus, me colocando no meu lugar, tanto pessoal quanto profissionalmente. Fui para um emprego que me valorizava, arregacei as mangas e comecei a buscar o meu autoconhecimento:

Quem é a Tati? Quem ela é? Quem sou eu? Comecei o processo de perdoar meu pai, de ter uma relação saudável com ele, de investir nessa relação, de orar por ele. Aí fazia minhas metas com meu pai, entendendo que com ele também seria um processo. Desafios me movem! Fiz vários cursos, li muitos livros, me ouvi, mergulhei em mim, nos meus sentimentos e na minha história. Tudo isso me ajudou a vencer as vozes do passado, as crenças limitantes, as vozes que me paralisavam. Foi incrível e sou muito grata a Deus por ter me permitido o acesso a todo esse conhecimento. Foi libertador e eu queria levar todo mundo comigo, minhas amigas e as pessoas com quem eu convivia.

Aliás, essa é uma característica minha, que se revela no meu propósito, que é a da prosperidade coletiva. Quando eu recebo algo, quero compartilhar, quero celebrar junto, costumo dizer que ser feliz sozinho não tem a menor graça. Eu divulgo tudo, para todo mundo, que eu faço, cursos, mentorias, livros que leio, palestras e filmes a que assisto. Se faz sentido para mim, me faz crescer, e quero que o outro tenha essa oportunidade também. E vivo isso na minha vida profissional e pessoal. Vou falar mais disso, logo mais.

Estava vivendo a conexão com Jesus há quatro anos mais ou menos, não era casada, não tinha filhos, pensei: acho que agora é a hora de empreender. Conversei com a minha mãe, orei e tomei a decisão. Vendi um carro, pedi demissão da agência em que trabalhava, na época, e com o dinheiro da rescisão montei o meu negócio. Nascia a Agência A+.

E fui muito feliz nessa decisão, porque pude trazer para a minha agência aquilo em que eu realmente acreditava, não copiei um modelo do mercado, até porque o que o mercado oferecia não era compatível com meus valores e propósito. Agora que eu me conhecia, que respeitava meus valores, havia muitas relações que eu considerava nocivas. Situações que eu não queria mais na minha vida, tratamentos que não condiziam com quem eu era e no que eu acreditava.

Sempre amei atender clientes, de conversar com eles, ouvi-los. Sempre gostei muito de me relacionar com as pessoas, então eu tinha o desejo de ter uma agência modelo boutique, em que o cliente sentisse que ele era especial, que se sentisse único.

Antes de fundar a empresa, fiz o plano estratégico, o plano de negócios, e coloquei que nós queríamos ser uma agência boutique, uma agência onde as pessoas fossem felizes trabalhando, onde eu poderia ser uma formadora, uma profissional atuante, e também pudesse treinar, aperfeiçoar e manter minha equipe e seus talentos. E hoje isso é uma realidade; a maior parte da minha equipe foi formada na própria agência. A minha diretora, Ana Carolina Hildebrant Xavier, meu braço direito, minha grande amiga, está comigo desde o início da empresa.

Eu tinha esse desejo que não apenas meus clientes se sentissem especiais, mas que minha equipe, que é meu cliente interno, se sentisse única. A maior parte do meu time, cerca de 90%, é composto por mulheres e foi formado dentro de casa. A minha diretora, hoje a executiva que fica no Brasil cuidando de tudo, o que me permite estar aqui nos Estados Unidos, começou como minha estagiária aos 19 anos e hoje ela tem 36 anos; fez todo o plano de carreira na agência e eu tive a oportunidade de formá-la. Eu amo formar pessoas e impulsionar mulheres e por isso tive esse sonho de ter um programa de liderança feminina, o Salto Alto. que mais adiante contarei a você com mais detalhes.

Como empreendedora e fundadora da agência, busquei criar e manter um ambiente saudável, em que o feedback fosse visto como construção, não destruição; em que o trabalho não fosse apenas o cumprimento de tarefas, mas sim uma missão para cada um. Por exemplo, a competição entre mulheres sempre me incomodou. Essa história de que as mulheres não podem ser colaborativas umas com as outras, que não podem se ajudar, nunca me convenceu. Eu acredito que, quanto mais sei quem eu sou, menos preciso olhar para o lado e ficar incomodada com a vida de outra pessoa. Posso ser eu, e vou ajudar uma outra mulher e essa mulher vai me ajudar. E acabou. A competição não precisa existir, ela pode, sim, dar lugar à colaboração. É assim na Agência A+, e trabalhamos para que continue sendo assim, sempre. E levamos esse conceito para o Programa Salto Alto.

A agência é resultado de muito autoconhecimento, de aprendizado com Deus e resgate da minha identidade. Isso me trouxe autoconfiança para alçar novos voos e implantar os conceitos e valores em que acredito, me preparei para implementar uma cultura de liderança, na qual as pessoas fossem felizes e prósperas, com muito amor e respeito como base. Tanto que a empresa tem amor no nome, o "A" é de "amor". Além disso, A+ é meu tipo sanguíneo, missão que corre nas veias. Tudo tem um porquê, tudo na minha vida é baseado no porquê.

Assim foi se desenhando a A+, assim foi se desenhando a minha liderança. Quando a Agência A+ nasceu, eu comecei a nascer como líder também. Essa jornada, como a do autoconhecimento, é contínua. Todo dia há algo novo a descobrir, a aprender. Amanhã sempre poderemos ser melhores do que hoje. E isso vale para a área profissional, pessoal e espiritual.

Estamos com uma jornada de 17 anos de mercado. Leandro, meu marido, é meu sócio há 10 anos. Ele trouxe para a agência o complemento, o equilíbrio. Nós dois juntos somos muito melhores. E aqui quero fazer uma pausa para contar a você sobre um grande presente que Deus me deu, um sonho que Ele realizou na minha vida.

Depois que me converti e já estava adiantada no processo de autoconhecimento, tinha o desejo ardente de me casar, de constituir uma família. Mas não é assim que eu quisesse um pouco, ou normal... Eu queria MUITO. As pessoas que conviveram comigo nessa época com certeza lembram do quanto orei, me preparei e sonhei com um marido. E então conheci o Leandro e em seis meses nos casamos. Ele é minha resposta da oração e juntos formamos essa família abençoada. Ele é tudo o que eu queria mesmo, um pai exemplar, um marido maravilhoso que me ama, um profissional antenado, um ser humano incrível. Ele é um homem temente a Deus, uma pessoa prudente; é o meu contraponto em muitas características, um complemento, entende? Porque não dá para ter só aquele que quer ir atrás, tem que ter aquele que vai consolidando as conquistas, que vai vendo sempre o que é preciso levar no próximo trecho da jornada. Por isso eu sempre dou a honra a ele e entrego minha gratidão a Deus.

# UMA SEMENTE – DEUS É ESTRATEGISTA

Quando você tem uma verdadeira conexão com Deus, preserva e a alimenta diariamente, outras tantas vão sendo desenhadas na sua vida, mesmo sem você perceber, porque Ele é um grande estrategista. Veja só...

Em 2014 eu vim para os Estados Unidos e fiz um curso com o Disney Institute; foi um curso que virou muitas chaves para mim. Depois que saí desse curso, falei: "puxa vida, eu vou, um dia, ser uma ponte entre empresas brasileiras e americanas, trazer líderes do Brasil para estudar aqui nos Estados Unidos, para aprender um pouco sobre a filosofia. A Disney mesmo é um caso de sucesso em propósito, missão, visão e valores, e eu tive esse sonho. Uma semente foi plantada em meu coração, e eu nem imaginava; hoje estou sendo essa ponte para impulsionar a liderança feminina brasileira. (Vou contar sobre isso logo mais!)

Esse curso foi um divisor de águas, me ajudou a solidificar a missão, visão e valores não só de empresas, mas também da minha vida. Voltei querendo ser uma líder muito melhor, na agência. Percebi que, apesar do meu propósito, a minha missão e os meus valores estarem no meu business plan, eu não vivia isso na prática, intencionalmente.

Aí mudei, pensei: "Se eu tive a oportunidade de aprender sobre isso, preciso fazer algo a respeito". Decidi implementar tudo o que vi de positivo, na minha empresa. Tudo o que a Disney faz, passei a aplicar no meu negócio. E naquele ano tirei o propósito do papel e o coloquei, intencionalmente, dentro das minhas reuniões. Uma semana depois que voltei, fiz uma palestra para minha equipe, compartilhei tudo o que eu tinha visto, tudo o que eu tinha vivido e como seria a partir dali. Naquele ano, minha empresa cresceu 40% e aí eu entendi que, quanto mais você sabe quem você é, o propósito pelo qual você trabalha, mais você tem resultado; é o que acontece com essas empresas aqui nos Estados Unidos.

Naquele mesmo ano fizemos um evento para 100 pessoas, entre

clientes, prospects e convidados. Trouxemos as melhores práticas do que eu tinha aprendido; a intenção era partilhar, mesmo. Eu queria transbordar o conhecimento que tinha recebido.

Comecei a estudar as empresas no Brasil e a exercitar o que tinha aprendido. Eu queria aplicar o processo de autoconhecimento na minha empresa. Fazia vários questionamentos: Por que minha empresa existe? Por que que meus clientes me procuram? Qual é o impacto que a minha empresa gera na vida do outro? E aí, sim, defini o propósito da A+, que é impulsionar negócios através da comunicação. Até então, nós tínhamos uma missão lá no papel, mas era algo distante de nós. Também tínhamos nossos valores, uma lista de 10 itens; analisei, mergulhei nisso e definimos os reais valores da empresa, aqueles que vivemos e aplicamos no nosso dia a dia, até hoje: resultado, excelência, agilidade, criatividade e amor. O amor é a base de tudo. Claro que, como empresa, eu preciso de resultados, mas um não exclui o outro. Ao contrário, o resultado é o objetivo final, o alvo final do processo, mas o que sustenta o durante, o que nos suporta na caminhada é o amor. E não estou falando apenas de trabalho.

Então, intencionalmente, eu trouxe o amor para o ambiente corporativo e com ele vieram seus frutos: o respeito às pessoas, às diferenças, a empatia, a colaboração, a generosidade, a gratidão. É possível manter um ambiente amoroso e gerar excelentes resultados. O mercado quer nos convencer do contrário, mas por isso é importante a gente se conhecer, saber quais são nossos valores, nossa missão.

Quanto mais eu sei quem sou, muito mais autoconfiança para vender o meu negócio eu tenho – ou mesmo para defender meu ponto de vista em uma conversa familiar, numa troca com meu marido ou com meu filho. Passei a entrar nas reuniões sabendo quem eu era, o que minha empresa gerava e qual era o impacto que nossos resultados poderiam trazer para o cliente. Apresentava os cases e participava de concorrências com mais segurança. E minha equipe viveu esse mesmo processo, fomos todos sendo lapidados.

É muito mais leve quando você tem a liberdade de respirar o seu propósito, de vivê-lo na prática. Por isso é importante o autoconhecimento, e saber se os valores e a missão da sua empresa, ou na qual você trabalha – do clube que você frequenta, da escola dos seus filhos etc. –, estão alinhados com os seus. Precisa existir uma sinergia, uma congruência entre o diálogo e a ação, entre a teoria e a prática. A verdade é o celeiro onde as conexões acontecem. E aqui, mais uma vez, não estou falando apenas de trabalho.

Pois bem, retornando ao curso da Disney e ao meu desejo de ser ponte: Em 2018, por meio da minha agência, realizei a primeira imersão para os EUA, com a Associação de Supermercados do Estado do Rio de Janeiro. Levamos 60 proprietários de supermercados para um curso de excelência em Orlando e lá eles puderam se conectar com executivos de supermercados americanos, aprendendo muito sobre excelência de atendimento, que é algo em que os americanos são muito bons.

A segunda viagem de imersão não demorou para acontecer e a agência levou um CEO de uma farmacêutica em um programa internacional para 26 executivos. Senti que ali encontrei o nosso negócio nos EUA e, junto com o meu marido, que também é investidor, começamos a pensar em como ingressar neste mercado de forma mais intensa.

Com a pandemia, vimos que o negócio funcionava muito bem com o home office. Foi então que tiramos do papel o sonho de levar a empresa para fora do país, de morarmos fora. Demos a entrada no visto americano em 2021 e começamos a preparar a equipe para essa nova fase. Eu também precisei me adaptar – e muito. O crescimento nos tira da zona de conforto, nos estica, eleva nosso nível.

As pessoas não são descartáveis para mim. Eu olho para elas, eu olho para as forças, o que elas têm de bom; quando você sabe quem você é, não tem problema com o crescimento do outro, você não fica preocupado se o seu profissional vai crescer. Hoje, por exemplo, estou aqui nos Estados Unidos e tenho minha equipe toda no Brasil; imagine se eu não soubesse quem sou, como ficaria? Mas trabalhei isso dentro de mim, eu dialogo muito com o meu ego e acho que o líder precisa dialogar com o próprio ego, porque quando ele sabe quem ele é, consegue entender que sua identidade é maior do que o ego. Então, ele sabe a importância que tem, mas também reconhece a importância das pessoas. Ninguém constrói nada sozinho e eu sou muito grata às pessoas que estão comigo, na caminhada.

Inclusive na A+ nós temos a cultura do elogio, do reconhecimento. Trabalhamos muito em prol do cliente, amamos nos relacionar com ele. Mas dentro de casa também trabalhamos na valorização das pessoas, temos prêmios anuais de reconhecimento. Isso é fundamental, na sua casa, nos lugares que você frequenta, no seu trabalho: experimente valorizar, elogiar a pessoa que está ao seu lado. Não um elogio vazio; faça o exercício de olhar com carinho para aquela pessoa, focando no que ela tem de bom. O aroma do ambiente muda! E valorizar a equipe não é só sobre o salário. Trabalhar o propósito, a missão e os valores dentro da sua própria empresa ajuda a compor o salário emocional. Se você valoriza as pessoas, se você valoriza o ser humano que está ali, junto com você, e se você o coloca como elo da corrente, ele com certeza se sentirá amado e pertencente ao time, importante no cumprimento do propósito.

É muito importante você ter uma escuta ativa também, pousar o olhar nas pessoas que estão ao seu lado e não apenas querer enxergar o que elas entregam. Às vezes, uma pessoa precisa ser direcionada para uma outra área e o líder nem notou, está insistindo naquela pessoa em uma função que não tem nada a ver com ela. Certa vez, nós realocamos um profissional formado em jornalismo e publicidade da área de Relações-Públicas para a área de marketing digital. Por quê? Porque ele não estava florescendo na área de RP. Mas aí nós entendemos quem é aquela pessoa, quais são suas forças, quais são seus talentos, e fizemos a mudança. Hoje ele está se destacando em outra área.

Sua missão, seus valores e propósitos individuais precisam estar alinhados aos da sua empresa ou ao local onde você trabalha. A Disney é um exemplo claro disso. Desde a pessoa que recebe você no parque, até o mais alto executivo, todos sabem que estão ali para serem felizes e gerar felicidade.

Dessa forma, enquanto cuidávamos das questões práticas que uma mudança de país requer, fomos preparando a equipe e a nova diretora, a Ana Carolina, que eu mencionei anteriormente. Hoje está tudo muito bem encaixado e funcionando a contento!

O visto que tiramos foi o EB2NW, visto de imigração para estrangeiros com habilidades excepcionais ou grau avançado em suas áreas de atuação. Esse processo de visto me mostrou o quanto é importante fazer um bom trabalho e prezar pelos bons relacionamentos (honrar o nome, lembra?). Todos os meus chefes me referenciaram, isso me ajudou a realizar esse sonho de internacionalizar a minha empresa. Sou grata a cada um deles e vejam que coisa interessante...

Muito antes que isso acontecesse, um dia Deus falou comigo; eu senti de verdade, no meu coração, uma gratidão enorme por aqueles que tinham colaborado na minha formação, que tinham sido meus líderes, pessoas que foram importantes na minha caminhada. Sentei-me em frente ao computador e escrevi um e-mail de agradecimento a cada um deles. Nem sonhava que, anos depois, eu precisaria pedir referências minhas a eles. Eu não sabia, mas Deus já tinha desenhado esse plano.

Estamos morando aqui, nos Estados Unidos, desde agosto de 2023. Minhas filhas estão adaptadas, assim como eu e meu marido; temos a empresa aberta aqui, um cliente americano, outros negócios, vários amigos e novas conexões. Cada vez fica mais clara a minha missão, aqui; sei que vai muito além do empreendedorismo, e com certeza deriva totalmente da conexão que tenho com Jesus.

## T.C.C. (TATI COM CRISTO)

Como foi importante ter conhecido Jesus! Essa conexão mudou minha história, o futuro que eu estava construindo, deixando a vida me levar. Na verdade, acho que Ele me colocou na minha história, na que Ele tinha para mim. Gosto de reforçar isso, porque uma conexão mudou tudo. E assim é, o tempo todo. As conexões são como retalhos em uma colcha, vamos costurando um a um, e eles nos transformam, nos complementam. E quero contar mais uma coisa a você: foi uma conexão que me trouxe até aqui, a essa oportunidade de contar minha história. A Cleo Pillon, idealizadora deste livro, me foi apresentada por uma amiga que a levou ao Café com + Fé (já, já contarei sobre esse projeto), na minha casa. E nos conectamos imediatamente, porque Deus une propósitos por meio das conexões.

Os grandes milagres que aconteceram na minha vida foram todos construídos a partir daquela conexão mágica que eu tive com Jesus, quando Ele entrou na minha vida. E não foi sempre um mar de rosas, vivi desafios, mas sempre contei com a ajuda do Alto e das conexões que me fizeram ter uma linda rede de apoio.

Quando conheci o 'Eu Sou', passei a saber quem sou. E aí fez toda a diferença na minha vida, porque pude aprender a fazer as conexões certas, aquelas que geram frutos, que perfumam com o bem. Quando conheci Jesus, tudo o que eu vivia no mercado, nas amizades, nos relacionamentos, passou a me incomodar profundamente. Se eu não estivesse vivendo essa conexão até hoje, com certeza seria uma pessoa muito triste.

A fé ressignificou meu horizonte. Eu aprendi a ser amada por Deus e a entender que Ele me ama pelo que sou, não pelo que faço, pelos meus resultados. Gosto de fazer, sou realizadora, mas eu tinha um senso de troca. Hoje não tenho mais, continuo fazendo, mas não para Deus me amar mais. Continuo fazendo porque me dá prazer, porque agrada o coração de Deus, porque gosto de ajudar, amo desenterrar tesouros, me conectar, celebrar a vida. Faz parte da minha essência o realizar, o fazer. Mas também aprendi a receber. Imagine, eu não conseguia receber um elogio, um presente, ficava desconfortável. Agora, recebo muitos presentes de Deus, de coisas que nem pedi e que eu fico assim, meu Deus. Mas aí eu entendo, é um pai. Eu O entendo como meu Pai mesmo e sei que Ele vai fazer por mim muito mais do que sonhei.

Eu sou filha amada dEle. E o fato de saber isso me faz buscar a promessa que Ele tem para minha vida. O que Ele vai fazer em mim e através de mim. Por isso as conexões são tão valiosas para mim, pois é por meio delas que realizo a obra de Deus.

Mas tudo começou quando entendi quem sou e descobri que sou amada. Hoje, conheço minhas forças, minhas dificuldades, minhas limitações e sei que elas não definem quem eu sou. Porque antigamente eu era pautada pelas minhas limitações, eu me invalidava. Essa é a balança do mundo, mas a minha balança atual, conhecendo Jesus, a minha balança é focada nas forças, naquilo que as pessoas e eu temos de bom. A jornada é contínua, repleta de vitórias, mas também de desafios. Ela é para o resto da vida, dia após dia. Eu vou estar bem velhinha e ainda vou fazer conexões e aprender muito. Eu creio, porque essa é uma promessa de Deus para mim.

# LIDERANÇA

A minha liderança é baseada em três Ps: propósito, pessoas e processos. Eu acredito numa liderança que trabalha autoconhecimento, empatia, inteligência emocional e relacional. O líder está sempre na zona de aprendizado, precisa ter uma comunicação clara e atenciosa, dar feedback na hora, não deixar uma situação pequena virar uma crise.

Negócios e relacionamentos são feitos por pessoas, por isso é fundamental saber quem você é para gerir pessoas, porque quando você entende quem é você, está pronta para ajudar o outro a também para entender quem ele é. Eu acho que todo profissional, todo empreendedor, todo ser humano, precisa saber quem é, assim há mais possibilidades reais de gerar impacto positivo e resultados na sua vida e na do próximo.

Saber valorizar a equipe e as pessoas é algo que também considero fundamental para um bom líder: ser grato a quem está com você, a quem ajuda a tocar seu negócio, a cuidar da sua casa, da sua saúde, que trabalha na formação de seus filhos. Aqui nos Estados Unidos existe a cultura da meritocracia, mas também existe o fortalecimento da identidade do outro. No ano passado, minha filha mais velha, de 12 anos, estava fazendo uma prova e a professora foi lá e colocou um bilhete para cada aluno, reforçando a identidade deles; não era um recado geral, igual para todos, eram bilhetes individuais. Perguntei: "E o que você achou disso, filha, como se sentiu?". E ela respondeu: "Altamente motivada!". Eu achei interessante essa fala dela porque é isso que o ser humano gosta: ser visto, notado, valorizado.

Essa professora está exercendo uma liderança positiva, ela não está comparando os alunos, mas enxergando cada um como indivíduo, com suas competências e forças. O que ela fez foi fantástico. Eu gosto de valorizar as pessoas e isso faz parte da minha liderança; graças a Deus não permiti que aquele e-mail, lá atrás, enterrasse essa força que está na minha essência.

Outra característica da minha liderança é trabalhar em cima dos porquês, dar significado ao que está sendo feito e inserir a pessoa nesse contexto, mostrar a importância dela no processo; comentei superficialmente sobre isso, anteriormente. É necessário saber se o propósito da pessoa que está com você conversa com o seu ou com o da sua empresa. Isso ajuda a dar significado ao que se faz todos os dias. Quando você sabe o porquê, começa a dar sentido para aquilo que está sendo feito. Costumo dizer que na Agência A+ ninguém cumpre tarefas, cumpre propósito. É muito melhor trabalhar e viver dessa forma. É um aprendizado constante, somos todos pessoas e líderes em formação.

Um dia, eu ouvi que era preciso ser líder do meu metro quadrado. Liderança não é só sobre gestão de pessoas, diz respeito também a ser um líder em sua vida, ter coerência e propósito com o que você fala e faz.

# SALTO ALTO

Lembra da semente da imersão da Disney e meu sonho de ser ponte? Da minha missão com mulheres? Fui amadurecendo e algumas questões que eu observava e me incomodavam, sobretudo no universo feminino, se transformaram em um novo porquê, como um lápis que me ajudou a escrever um novo capítulo na minha vida. O Programa Salto Alto nasceu nesse contexto, nasceu desse desejo de cumprir uma missão, de trabalhar e tratar a liderança feminina.

A liderança feminina é cada vez mais necessária nas organizações. Não estou dizendo que devemos ficar acima dos homens ou que somos melhores ou piores do que eles. Mas há características que são únicas na mulher, que fazem parte de sua sensibilidade feminina e que podem agregar, e muito, às corporações. Diversificar os ambientes torna a nossa experiência de vida mais completa. Existem algumas empresas, alguns setores que ainda precisam ter mais espaço para as mulheres. E a mulher vai ter mais oportunidade também quando souber quem ela é. Quando renunciar à síndrome da impostora, quando se valorizar. Entender que não precisa se masculinizar ou viver um papel que não é o dela, para alcançar determinadas posições na vida. Ela, sendo feminina e autêntica, vai conquistar seu espaço. Só que ela precisa fazer um trabalho profundo, dentro de si mesma.

Sabia que muitas vezes a mulher não aceita determinados cargos por achar que não merece, que não está pronta, e que o homem, por outro lado, assume mais cargos, mesmo não estando 100% pronto? Sim, a mulher fica esperando estar 100% pronta. E às vezes nunca estaremos prontas, mas podemos nos preparar, nos aperfeiçoar no processo.

Esse é o meu propósito com o Programa Salto Alto; a gente trabalha a liderança sob a ótica da liderança, não tem a ver com cargos ou posições, mas com o posicionamento da mulher na vida. Todos somos líderes, né? Então, se uma dentista, uma advogada, uma psicóloga, uma executiva, uma empreendedora ou uma CLT querem fazer o programa, elas podem, porque vão implementar essa liderança Salto Alto dentro do seu negócio. Nosso público-alvo são mulheres que querem impulsionar as suas carreiras através de melhores práticas com empresas americanas.

O Programa dura 6 meses, incluindo 5 dias de imersão prática, aqui nos Estados Unidos. Nós fazemos eventos antes da imersão acontecer; aplicamos, por exemplo, um processo de avaliação de liderança individual para saber quem ela é, o que faz, como ela está, dentro da sua empresa, do seu negócio, qual o perfil da sua liderança. Também organizamos um evento para que as participantes se conheçam, fazemos um evento de conexão, queremos conectar as participantes antes de chegarem à imersão.

O Salto Alto está indo para a terceira edição – cada uma tem no máximo 30 participantes, - e é focada em quatro pilares: conteúdo, experiências, conexões e transformação. Realmente tem sido gratificante, vivemos momentos muito especiais, com muito conteúdo, aprendizado... As visitas técnicas são todas customizadas. Por exemplo, a gente tem um curso com o Disney Institute dentro do programa, que nós contratamos, tudo com tradução simultânea. Eles nunca tinham feito um programa 100% para mulheres; então, ficaram impressionados com isso. E então eles personalizaram o curso com o tema que nós falamos, porque entenderam que é importante trabalhar em cima das dores dessas mulheres. Todas as empresas visitadas passam por uma curadoria nossa, antes; selecionamos apenas aquelas movidas por valores e propósito.

Estou contando isso a você para que saiba que tudo foi acontecendo na minha vida por causa de uma conexão. Tudo começou lá atrás, nada é por acaso e tudo tem um porquê. Inclusive essa questão de me envolver tanto com o universo feminino. Eu vim de uma família em que as mulheres não eram unidas. Então, eu amo ver mulheres unidas. Não entendo por que uma mulher quer derrubar a outra, quer competir. Posso dizer com toda a clareza que durante a minha jornada eu sofri perseguições de mulheres, nunca de homens. E isso não está certo!

O mercado corporativo é muito competitivo; as pessoas, principalmente as mulheres, não torcem umas pelo sucesso das outras, isso é muito comum, mas não é normal. Não podemos aceitar como certo. O tempo todo o mundo fica tentando colocar como normal aquilo que é comum, mas que não é bom. Temos de buscar o que é bom, viver praticando o bem. É assim que baseio minha liderança e é isso que também trabalhamos no Salto Alto. A mulher pode, sim, ser colaborativa, admirar e se inspirar em outra mulher.

De maneira bem resumida, é esse mergulho que a gente propõe no programa: encorajar a mulher a ser quem ela tem potencial para ser, a desenterrar seus tesouros, definir seu propósito, suas prioridades, ajudando-as a dar um salto em suas carreiras, em suas empresas e nas suas vidas, por meio do autoconhecimento, de networking internacional e do treinamento de liderança. Meus olhos brilham ao ver o quanto nós podemos nos melhorar, melhorar as pessoas ao nosso redor e com isso melhorar também o ambiente de trabalho, criando empresas mais saudáveis e desenhando um futuro de lideranças mais felizes.

## GRATIDÃO

Além da conexão, considero a gratidão importantíssima, um dom a ser desenvolvido intencionalmente, o passaporte para uma transformação plena e verdadeira em todas as áreas da vida. É como um par de óculos com as lentes bem limpas, que nos permitem ver tudo de forma nítida.

A gratidão antecede todas as bênçãos que Deus tem para nos entregar. Tenho o hábito de fazer minhas metas todo início de ano e já as faço com o coração agradecido, crendo que todas elas serão alcançadas. Isso tem feito muita diferença na minha vida, esse olhar grato. Mas aqui também há uma jornada a ser percorrida. Nem sempre a gratidão é genuína, muitas vezes é preciso aprender a ser grata, a desenvolver o hábito de agradecer. Podemos até pensar: "Ah, mas eu sou uma pessoa grata, sim". Será que somos realmente gratas por aquilo que somos e temos? Como é que você tem cuidado da sua saúde, do seu corpo, da sua alimentação, da sua mente; tem feitos seus exames anuais? Quando você se olha no espelho, quando você examina sua própria vida, você é grata por quem você é de verdade? Você é grata a Deus pelos seus talentos ou você se compara o tempo todo com as outras pessoas? Eu me faço essas perguntas frequentemente.

Ser grata é saber quem somos, reconhecer nossos dons e talentos e nos amar como somos, um presente de Deus. Se não cuidamos do que temos, não merecemos ter. Gratidão tem a ver com cuidar do que é seu. Cuidar dos nossos relacionamentos, da nossa família, do nosso negócio, das amizades. E como que a gente cuida? Priorizando nosso casamento, nosso marido, ouvindo nossos filhos, tendo autocuidado, fazendo cursos, nos aprimorando, tendo tempo de qualidade com Deus, tomando aquele café com a amiga. É uma verdade: quando somos gratos, zelamos por aquilo.

Celebrar também tem a ver com gratidão. Muitas pessoas têm dificuldade de celebrar as suas conquistas. É um ritual importante, você celebrar. A celebração é um ato de gratidão. Outro motivo de gratidão para mim são as conexões que Deus me permite fazer. Não devemos nem precisamos passar por tudo sozinhos, as conexões nos desenham redes de apoio lindas.

Sou grata pela oportunidade de a cada dia tentar ser uma pessoa melhor. Sou grata por cada passo em direção ao acerto, depois do erro. Sou grata por cada dificuldade que me fez crescer. Sou grata pelo que ainda não aconteceu.

Enfim, são inúmeros os motivos de gratidão. Ela acontece primeiro no coração e é o resultado da nossa escolha de tomar essa ação interior, de fazer essa mudança, até que ela se torne uma parte de nós, da nossa essência. Depois isso vai se tornar hábito, vai se tornar cada vez mais leve, cada vez mais maravilhoso, cada vez mais prazeroso, porque isso vai se tornar parte de você, de quem é você. Deus não busca a perfeição, mas sim sinceridade, entrega e coerência entre aquilo que declaramos e a forma como vivemos e pensamos. O coração grato pode ser uma realidade na vida de qualquer pessoa. Eu convido você a fazer e viver essa experiência.

## CAFÉ COM + FÉ

O Café com mais Fé é um projeto para mulheres que nasceu no formato atual em março de 2020, durante a pandemia, com o objetivo de impulsionar mulheres para que alcancem o seu pleno potencial, em todas as áreas da vida, através da Fé, do Amor e das Conexões. Somos um grupo cristão – não somos de nenhuma religião ou igreja específica – e nos reunimos de segunda a sexta, das 8h às 9h, pelo zoom, quando uma mulher traz uma palavra diferente.

Eu sou a líder desse projeto, nomeada pelo Espírito Santo, com muita honra, e com a ajuda de outras mulheres maravilhosas. Deus resgatou meu primeiro amor através do Café com + Fé. Em 2019, eu estava grávida da minha segunda filha e me encontrava em um momento de muita busca espiritual, queria voltar ao primeiro amor, ao que senti lá atrás, quando vivi a primeira conexão com Deus. Eu me sentia meio desconectada de Jesus e nas minhas orações, enquanto gerava aquela vida dentro de mim, pedia para que o Senhor me levasse novamente ao primeiro amor. Eu queria voltar a falar de Deus, a evangelizar. E Deus me respondeu...

Comecei reunindo pessoas uma vez por semana, pela manhã, na minha agência. Iniciamos com cinco mulheres e mais duas da minha equipe. Na semana seguinte já eram 10 convidadas, falávamos do amor nas corporações. Eu tive minha filha, passei por momentos desafiadores, porque ela ficou na UTI 28 dias e nesse tempo Deus falou MUITO comigo, me respondeu, me chamou para fazer a obra dEle, levar Seus ensinamentos. Veio a pandemia...

O Café com + Fé virou online, diário, mais e mais mulheres foram sendo trazidas pelas mãos amorosas do nosso Pai. Realizamos em março deste ano a nossa quarta conferência anual, temos ministérios que atendem a diversas áreas, como estudo bíblico, finanças, autoestima e autocuidado, família, intercessão, assistência social, empreendedorismo. A cada ano trabalhamos um tema; em 2021 foi o ano do romper, tempo de buscar Deus em primeiro lugar, de pedir a Ele que nos ajudasse a desenterrar nossos dons e talentos, nossos tesouros escondidos.

Eu mesma fui um tesouro que estava escondido porque eu me boicotava muito no falar, no me comunicar, tinha muita dificuldade de me expor. Gostava sempre de dar vez ao outro, ficava mais nos bastidores. Como gosto de impulsionar as pessoas, me escondia dessa forma. Mas em 2021, me permiti trabalhar nessa área, eu rompi, foi o ano que Deus me desenterrou. No ano de 2022 o tema foi o de vivermos o projeto original, o plano de Deus para nós. Em alguns momentos, não estamos vivendo esse plano A, pegamos um atalho, queremos encurtar o caminho, fazemos escolhas equivocadas. Simplesmente saímos do trilho. Mas Deus nos permite corrigir a rota, está sempre acessível para nos apresentar o plano original dEle, que é perfeito.

Já 2023 foi o ano do voar alto, de alcançar novos níveis, de não nos conformarmos com as coisas que estavam erradas, incompletas ou abandonadas na nossa vida. O ano passado, 2024, foi o ano do transbordar. E assim o fizemos, aprendemos o quanto Deus se alegra e o quanto nos sentimos felizes quando podemos transbordar – amor, bênçãos, ajuda – na vida de outra pessoa. Este ano, 2025, é o ano da gratidão, de aprendermos a ter um sincero e verdadeiro coração grato.

Os braços do Café já chegaram a outras nações. Além do Brasil, hoje temos o Café Com + Fé em Portugal e nos Estados Unidos, de forma presencial. Esse projeto trouxe vida para a minha vida, é assim quando dizemos 'sim' para os chamados de Deus, quando mantemos acesa a nossa conexão com Ele.

## FINALIZAÇÃO

Fé, família, conexões, amor e prosperidade coletiva. Esses são os meus valores e meu propósito. Essa sou eu, sou aquela que ama se conectar e impulsionar vidas através da fé. Eu sem a fé, não sobra nada.

A prosperidade coletiva é algo que tem um valor muito grande para mim, também. E não estou falando de riqueza, estou falando da prosperidade como um todo, de uma vida feliz em todas as áreas, próspera de alegria, de saúde e bem-estar, de realização. Isso que eu amo gerar para as pessoas; e eu amo que as pessoas vivam isso que só conquistei através da fé. A fé em Deus me conectou, me despertou para o meu propósito; e hoje quero conectar as pessoas, através da fé, para os seus propósitos.

Eu sei com quem me conectei, quem me fez ser quem sou, é por isso que trabalho a questão da espiritualidade, sempre. Sempre vou trabalhar a fé e as conexões. Quando estou com alguém, quero ser intencional, quero ouvi-lo. Porque muitas vezes eu não tenho aquilo que a pessoa precisa, mas sei quem pode ter. Posso ser a ponte, fazer a conexão entre elas. Por isso, desenvolver uma escuta ativa é importantíssimo; eu tenho muita escuta ativa, apesar de falar muito, já que sou uma jornalista. Gosto muito de ouvir histórias e me interesso verdadeiramente pela vida do outro. Faz parte de viver meu propósito, porque para impulsionar a vida de uma pessoa, para me conectar a ela, para entender quem ela é, conhecer suas dores, seus sonhos, preciso ouvi-la.

Mas você sabe, nem sempre foi assim. Eu era uma pessoa com crenças limitantes, raízes de rejeição, eu não era organizada, não era planejada. E hoje posso dizer que sou uma pessoa disciplinada, que amo me planejar, me organizar, e sei que isso, por exemplo, é uma dificuldade que muitas mulheres têm: fazer a gestão do tempo. Então, se você não tem determinada característica de forma natural, pode se aperfeiçoar, pode buscar ajuda, se desenvolver, não podemos nos conformar com o que nos prejudica ou nos impede de viver nossa melhor versão.

Então, para você que está conhecendo a minha história, é importante você saber a sua história, olhar para sua trajetória, se despedir de alguns padrões de comportamento porque eles influenciam no seu resultado, não tem jeito, eles influenciam no seu resultado, impedindo de você de ser quem nasceu para ser.

Quanto mais você mergulhar em você, quanto mais buscar saber quem você é, qual é o impacto que você causa na vida do outro, quais são as suas forças, qual o seu propósito, quais são seus porquês, mais se conectará com sua essência e mais próxima estará de ter êxito na vida.

Para essa jornada, não tenha receio de pedir ajuda, e aqui as conexões fazem toda a diferença. Acho que pedir ajuda é fundamental; a minha vida inteira eu busquei mentores, busquei ajuda de Deus, auxílio psicológico, de pessoas que sabiam mais que eu, de outros líderes, de pessoas da minha confiança. Sei que sozinha eu sou muito boa mas, junto, sou melhor ainda. Tudo pode começar com uma conexão, leve isso em consideração quando ouvir/falar com a próxima pessoa que você encontrar.

# PÉROLAS

"Entendi que meu propósito não tem fim em mim,
mas começa a partir de mim"
(Tatiana Marzullo Varges).

"Tudo o que você inspeciona, melhora!
O que você ignora, se deteriora!"
(Mike murdock).

"Eu aprendi que as pessoas vão esquecer o que você disse,
vão esquecer o que você fez, mas nunca esquecerão
como você as fez sentir"
(Maya Angelo).

"Você pode sonhar, criar, desenhar e construir o lugar mais
maravilhoso do mundo. Mas é necessário ter pessoas
para transformar seu sonho em realidade"
(Walt Disney).

"Liderança não tem a ver com cargo, posição ou gestão
de equipe, mas com o seu posicionamento diante da vida"
(Tatiana Marzullo Varges).

Aproveite o espaço abaixo e escreva você também sobre
o poder das conexões na sua vida:

_____

_____

_____

_____

_____

_____

_____

_____

_____

_____

_____

_____

_____

_____

_____

_____

_____

_____

_____

_____

_____